P
O
R
T
A
L
E
S

2

Unidad 1   Trabajamos aquí

Unidad 2   Hogar, dulce hogar

D1321653

This publication forms part of the Open University course L194/LZX194 *Portales: beginners' Spanish*. Details of this and other Open University courses can be obtained from the Course Information and Advice Centre, PO Box 724, The Open University, Milton Keynes MK7 6ZS, United Kingdom: tel. +44 (0)1908 653231, e-mail general-enquiries@open.ac.uk

Alternatively, you may visit the Open University website at http://www.open.ac.uk where you can learn more about the wide range of courses and packs offered at all levels by The Open University.

To purchase a selection of Open University course materials visit the webshop at www.ouw.co.uk, or contact Open University Worldwide, Michael Young Building, Walton Hall, Milton Keynes MK7 6AA, United Kingdom for a brochure, tel. +44 (0)1908 858785; fax +44 (0)1908 858787; e-mail ouwenq@open.ac.uk

The Open University
Walton Hall, Milton Keynes
MK7 6AA

First published 2003.

Edited, designed and typeset by The Open University.

Printed and bound in the United Kingdom by the Alden Group, Oxford.

ISBN 0 7492 6531 0

1.1

C o n t e n t s

Course team list

Course team

Inma Álvarez Puente (academic)

Michael Britton (editor)

Concha Furnborough (academic)

María Iturri Franco (course chair/academic)

Martha Lucía Quintero Gamboa (secretary)

Enilce Northcote-Rojas (secretary)

Cristina Ros i Solé (course chair/academic)

Fernando Rosell Aguilar (academic)

Malihe Sanatian (course manager)

Sean Scrivener (editor)

Mike Truman (academic)

Olwyn Williams (administrator)

Production team

Ann Carter (print buying controller)

Jonathan Davies (design group co-ordinator)

Janis Gilbert (graphic artist)

Pam Higgins (designer)

Tara Marshall (print buying co-ordinator)

Jon Owen (graphic artist)

Deana Plummer (picture researcher)

Natalia Wilson (production administrator)

BBC production

William Moult (audio producer)

Consultant authors

Consuelo Rivera Fuentes (Book 2)

Concha Furnborough (Book 2)

Rosa Calbet Bonet

Manuel Frutos Pérez

Peter Furnborough

Elvira Sancho Insenser

Gloria Gutiérrez Almarza (*Espejo cultural*)

Alicia Peña Calvo (*Espejo cultural*)

Contributors

Lina Adinolfi

Anna Comas-Quinn

Sue Hewer

Ricard Huerta

Gabriela Larson Briceño

Raquel Mardomingo Rodríguez

Carol Styles Carvajal

Roger Zanni (cartoons)

Critical readers

Joan-Tomàs Pujolà

Gloria Gutiérrez Almarza

External assessor

Salvador Estébanez Eraso, Instituto Cervantes.

Special thanks

The course team would like to thank everyone who contributed to *Portales*. Special thanks go to Uwe Baumann, Hélène Mulphin and Christine Pleines, and to all those who took part in the audio recordings and music.

1

Trabajamos aquí

In this unit of *Portales* you will learn to talk about jobs and the workplace in Spain and Latin America. You will use numbers and read e-mails, and learn to tell the time, among other things. Later you will visit different kinds of workplaces in Valencia, Madrid and Havana, which will involve asking questions and conjugating verbs. You will also look at some job advertisements.

OVERVIEW: TRABAJAMOS AQUÍ

Session	Language points	Vocabulary
1 Primero, números	• Using numbers • Understanding and saying e-mail addresses	In the office: *oficina, ordenador, disquete,* etc. Office vocabulary: some geographical differences: *computadora, estampilla,* etc.
2 ¿Me lo puede repetir?	• Asking someone to repeat information • Asking for clarification of spelling	Clarification: *repetir, ¿perdón?, ¿qué?,* etc.
3 Preguntando se aprende	• Forming questions • Asking and telling the time • Using interrogative words	Interrogative words: *qué, dónde, cuál,* etc.
4 Todos estamos capacitados	• Introduction to Spanish verb conjugations • Present tense of regular verbs (-*ar, -er, -ir*)	Employment: *trabajo discapacidad, enviar,* etc.
5 Actividades y lugares de trabajo	• Asking and describing what people do for a living • Describing occupations	Occupations: *informático, policía, parado,* etc.
6 ¿Dónde están las escaleras?	• Directions within a building • Prepositional phrases	Inside a building: *escaleras, pasillo, planta,* etc.
7 Anuncios de empleo	• Expressing requirements • Understanding job advertisements	Job advertisements: *contrato, requisito, salario,* etc.
8 Horarios de trabajo	• Asking and saying at what time you do certain activities • Expressing approximate time	Regular activities: *dormir, llegar, escuchar,* etc.
9 Repaso	Revision	
10 ¡A prueba!	Test yourself	

Cultural information	Language learning tips
Son music.	Pronunciation: letters that share the same sound.
	Pronunciation: using intonation in questions.
	Finding verbs in the dictionary.
Awareness of occupations and workplaces in Spain; two employment organizations.	
Working hours.	Sequencing activities.

Sesión 1 Primero, números

This session takes place in an office in Concepción, a city 600 kilometres south of Santiago de Chile, where a company is doing the publicity for the theatre group *Expresiones*.

Key learning points

- Using numbers
- Understanding and saying e-mail addresses

Actividad 1.1 🎧

In this activity you will revise numbers 1 to 10.

1 Teresa, an administrator in the publicity company, has ordered some office equipment. Listen to *Pista 2*, where she is checking to see that the items she ordered have all arrived. Write on the checklist below the quantity of each item that she mentions. The first has been done for you.

Escuche y escriba el número.

sofás [1]

impresora láser (la) *laser printer*

mesas ☐

caja de fichas (la) *box of index cards*

sillas ☐

paquete de papel (el) *pack of paper*

impresoras láser ☐

cámaras digitales ☐

discos compactos ☐

cajas de disquetes ☐

cajas de fichas ☐

paquetes de papel ☐

NUMBER 'ONE' WITH NOUNS

The number 'one' in Spanish is *uno* when it represents a numeral, such as when counting: *uno, dos, tres,* etc. But when it refers to a particular noun, (e.g. **one** desk), it changes to match the gender of the noun:

Solo tengo un**a** sill**a**. (I only have one chair.)

Likewise *uno/una* follows the gender of the object it refers to when the number is used on its own:

Tengo un**o**. (referring to *un hermano*)

Hay un**a**. (referring to *una impresora*)

When *uno* goes before a masculine noun, it drops the *-o*:

Hay **un** disco compacto, no dos. (There's one CD, not two.)

So you cannot say ~~uno disco~~, or ~~uno árbol~~, for instance.

This applies to all 'masculine' numbers that contain the number 'one':

Hay veinti**ún** discos compactos.

See the section *Numbers: Cardinal numbers* in the grammar book.

2   Write the following nouns in the singular, replacing the numbers with *un* or *una*. As you can see, there is no difference in appearance between the indefinite article *un/una* and the number 'one'.

Cambie el número al artículo.

Ejemplo

tres paquetes → un paquete

(a) dos ordenadores

(b) cuatro computadoras

(c) nueve fichas

(d) seis cajas

(e) cinco bolígrafos

OFFICE VOCABULARY: SOME GEOGRAPHICAL DIFFERENCES

There are certain differences in the vocabulary used in different parts of the Spanish-speaking world. Here are several differences you will find between Latin America and Spain in the context of an office.

Latin America	Spain	Translation
computadora (la), computador (el)	ordenador (el)	*computer*
celular (el)	móvil (el)	*mobile (phone)*
estampilla (la)	sello (el)	*stamp*
conmutador (el)	centralita (la)	*switchboard*

As you learn more Spanish, you will come across varying vocabulary not only between Spain and Latin America but between individual countries or groups of countries. For example, the most widespread word for 'stapler' is *grapadora*, but the usual word for it in Chile is *corchetera*. However, you shouldn't worry about incorporating these differences into your speaking; just being aware of them will help your understanding.

Actividad 1.2 🎧

You are now going to revise the numbers 11 to 99.

1 First see how many numbers you can remember. Fill in the gaps with the appropriate words.

Complete los espacios.

41 cuarenta y uno	63 sesenta _____ tres	84 _____
44 cuarenta _____	68 sesenta y ocho	87 _____
49 _____	69 _____	89 _____ y nueve
51 _____ y uno	72 setenta y _____	91 noventa y _____
55 cincuenta y cinco	75 _____	96 _____
56 _____	77 _____	99 _____

2 Practise saying the numbers above out loud.

Pronuncie los números en voz alta.

autobús (el)
bus

3 Listen to *Pista 3* and repeat the bus numbers after the speaker, Carlos.

Escuche y repita.

4 Now listen to *Pista 4,* in which you will hear a message giving the telephone and fax numbers of two branches of a tour company called Turiché. Complete the table below.

Escuche y complete la tabla.

	TURICHÉ	
Ciudad	**Teléfono**	**Fax**
Concepción		
Temuco		

Actividad 1.3

In this activity you will practise ordinal numbers ('first, second, third', etc.).

Teresa Valdés is in her office writing some letters. Find the ordinal numbers in the addresses opposite and write them in full in the correct gender.

Escriba los números en palabras.

ORDINAL NUMBERS

1° primero   2° segundo   3° tercero   4° cuarto

5° quinto   6° sexto   7° séptimo   8° octavo

9° noveno   10° décimo

Ejemplo

(a) 4° = cuarto

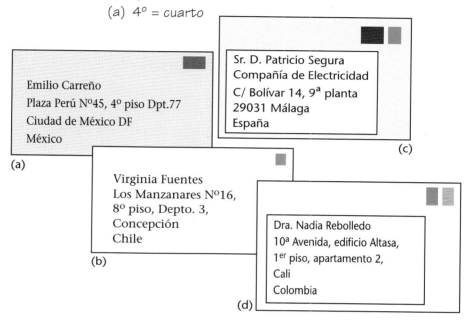

Emilio Carreño
Plaza Perú N°45, 4° piso Dpt.77
Ciudad de México DF
México

(a)

Sr. D. Patricio Segura
Compañía de Electricidad
C/ Bolívar 14, 9ª planta
29031 Málaga
España

(c)

Virginia Fuentes
Los Manzanares N°16,
8° piso, Depto. 3,
Concepción
Chile

(b)

Dra. Nadia Rebolledo
10ª Avenida, edificio Altasa,
1er piso, apartamento 2,
Cali
Colombia

(d)

Actividad 1.4

It's important to be able to understand and say e-mail addresses.

1   Read the following e-mail.

Lea el correo electrónico.

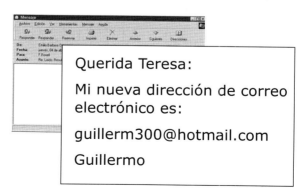

Querida Teresa:

Mi nueva dirección de correo electrónico es:

guillerm300@hotmail.com

Guillermo

HOW TO SPELL OUT AN E-MAIL ADDRESS

This is how to say an e-mail address in Spanish:

turiche@stk-mundo.net
> turiché arroba ese te ka guión mundo punto net

p.rivera2@melilla.09.es
> pe punto rivera dos arroba melilla punto cero nueve punto es

In Spain, people often refer informally to an e-mail as *un emilio,* but more general terms are *un correo, un email* or *un mail.*

e-mail signs
@ = *arroba*
dot = *punto*
hyphen = *guión*

2 Listen to the four e-mail addresses, (a) – (d), dictated to Teresa over the phone in *Pista 5* and write them down.
Escuche y escriba las direcciones de correo electrónico.

¿Cuál es tu dirección de correo electrónico?

¿Tienes correo electrónico?

Ejemplo

You hear: matilde punto soto arroba radio punto com

You write: matilde.soto@radio.com

3 Now record yourself reading aloud the e-mail addresses from step 2. At the end add your own e-mail address if you have one, or any other you may know.
Grábese en su cinta.

Léxico básico

bolígrafo (el)	*ball-point pen, Biro ®*	disco compacto (el)	*compact disk*
caja (la)	*box*	disquete (el)	*diskette*
cámara (la)	*camera*	estampilla (la) (LAm)	*stamp*
celular (el) (LAm)	*mobile (phone)*	ficha (la)	*index card*
computadora (la) (LAm)	*computer*	impresora láser (la)	*laser printer*
computador (el) (LAm)	*computer*	número de fax (el)	*fax number*
correo electrónico (el)	*e-mail*	número de teléfono (el)	*telephone number*
dirección de correo electrónico (la)	*e-mail address*	ordenador (el) (Sp)	*computer*
		paquete de papel (el)	*pack of paper*

Sesión 2
¿Me lo puede repetir?

The theatre company has a contact called Guillermo in Valparaíso, the second largest city and principal port of Chile.

Key learning points
- Asking someone to repeat information
- Asking for clarification of spelling

Actividad 2.1 🎧

Guillermo is enrolling for a degree at the Universidad Católica de Valparaíso.

1   The secretary in the geography faculty asks Guillermo for his details, but she has difficulty hearing his answers. Listen to *Pista 6* and tick the information areas below that she asks him to **repeat**.

Escuche y marque con una cruz.

Nombre   ☐

Apellidos   ☐

Edad   ☐

Calle   ☐

departamento (el) (LAm)
flat, apartment

Departamento   ☐

Teléfono   ☐

Correo electrónico   ☐

> *Español de bolsillo* 🎧 *(Pista 28)*
>
> ¿Cómo?   *Pardon?*
>
> ¿Perdón?   *I beg your pardon? Sorry?*
>
> ¿Qué?   *What?*
>
> ¿Me lo puede repetir?   *Can you repeat that?*
>
> ¿Qué calle?   *Which / What street?*
>
> ¿Qué departamento dijo?   *Which apartment did you say?*
>
> ¿Qué avenida?   *Which / What avenue?*
>
> ¿Qué plaza?   *Which / What square?*
>
> ¿Qué número?   *What number?*

2   Listen to *Pista 6* again and fill in this form with Guillermo's details.
    Escuche y rellene el impreso.

FACULTAD DE GEOGRAFÍA

NOMBRE Y APPELLIDOS: EDAD:

DIRECCIÓN:

TELÉFONO: CORREO ELECTRÓNICO:

When spoken, telephone numbers in Spanish are often broken into pairs and said as if each pair was a number. For example, 334518 might be said as *treinta y tres, cuarenta y cinco, dieciocho* (33 45 18). However, this practice varies from region to region, and it is probably easier if you keep to single digits: *tres, tres, cuatro, cinco, uno, ocho.*

¿Cuáles son tus/sus apellidos?
What are your surnames?

3   Now listen to *Pista 7* where some students are saying their surnames. Do the exercise there using the first four expressions of the *Español de bolsillo* on page 13.

Pida repetición de los apellidos.

Actividad 2.2 🎧

In this activity you will learn and practise ways of asking for clarification of spelling.

1   Guillermo is finding out about hotels for the theatre group to stay in when they go to Concepción. Listen to *Pista 8* where he is getting information about three hotels from a travel agent, and complete his notes.

Escuche y escriba.

fono (el) (Chile only) = teléfono

Español de bolsillo 🎧 (Pista 29)

¿Cómo se escribe?   *How do you spell that?*

¿Se escribe con 'g' o con 'j'?   *Is that spelt with a 'g' or a 'j'?*

¿Se escribe con 'h' o sin 'h'?   *Is that with or without an 'h'?*

¿Se escribe con 'i latina' o con 'i griega'?   *Is that with an 'i' or with a 'y'?*

¿Se escribe con 'll' o con 'i griega'?   *Is that with 'll' or with 'y'?*

¿Se escribe con 'q' o con 'k'?   *Is that with a 'q' or with a 'k'?*

¿Se escribe con 'v' o con 'b'?   *Is that with a 'v' or a 'b'?*

Hotel Prado, calle _____

Hotel Magenta, fono: _____

Hotel Alonso de _____

Plaza de _____

Note that in Latin America the letter name *uve* is not used but the letter names *be larga* (for *b*) and *ve corta* or *ve chica* (for *v*) are used instead.

PRONUNCIATION: LETTERS THAT SHARE THE SAME SOUND

As you know, spelling in Spanish is not difficult because the sounds usually correspond to the written letters. Sometimes, though, speakers may need to check spelling because:

- the letter *h* is not pronounced in Spanish;
- certain letters can share the same sound, or a very similar sound; these are: *b* and *v*; *g* and *j*; *ll* and *y*; *i* and *y*; *c*, *k* and *q*.

See the *Spanish pronunciation* section of the dictionary for a description of these sounds.

2   Listen to *Pista 9,* where some Spanish speakers ask you about the spelling of some English names, and respond.

Conteste las preguntas.

Ejemplo

You hear: El apellido Levy, ¿con i latina o i griega?

You answer: Con i griega.

Actividad 2.3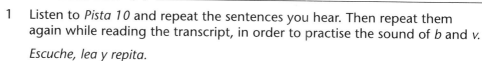

1   Listen to *Pista 10* and repeat the sentences you hear. Then repeat them again while reading the transcript, in order to practise the sound of *b* and *v.*

Escuche, lea y repita.

bailar
to dance

marinero (el)
sailor

aprender
to learn

arriba
up

2   And now for some light relief! Listen to *Pista 11* and, if you wish, sing along to *La Bamba.* Read the lyrics in the transcript.

Escuche, lea y cante.

LA BAMBA AND SON

La Bamba is the name of a dance. The song is an example of a musical form from the Veracruz region of Mexico known as *son jarocho,* a type of traditional music containing a mixture of African, Amerindian and Spanish influences, often with nonsensical or improvised lyrics that only make sense to the composer. There are many forms of *son* in Mexico such as *mariachi* and *huapango* – the term simply means rural music. It is different from Cuban *son,* which was the base from which *salsa* developed in New York and Puerto Rico in the 1960s and 70s.

Músicos cubanos en La Habana

Léxico básico

apellido (el)	*surname*		facultad (la)	*faculty*
aprender	*to learn*		marinero (el)	*sailor*
bailar	*to dance*		preguntar	*to ask*
departamento (el) (LAm)	*apartment, flat*		repetir	*to repeat*
escribir	*to write*		universidad (la)	*university*

Sesión 3

Preguntando se aprende

Here you will get a glimpse of two very different workplaces, a post office in Chile and a school in Spain.

Key learning points

- Forming questions
- Asking and telling the time
- Using interrogative words

Actividad 3.1

In this activity you will focus on questions for asking for personal information.

1   Opposite is a letter of welcome from a personnel manager to a new employee of the Chilean postal service, Correos de Chile. Unfortunately, some parts of the letter are illegible. Choose from the box below the appropriate question that you would need to ask to find out each piece of blurred information.

Elija la pregunta correspondiente.

Ejemplo

(a) *¿Dónde está la oficina?*

> ¿En qué piso está su oficina? • ¿Quién es el director? •
> ¿Cuál es su número de teléfono? • ¿Dónde está la oficina? •
> ¿Cuál es su dirección de correo electrónico?

CORREOS
DE CHILE

20 de abril de 2003

Estimado Sr. Apraiz:

Bienvenido a nuestra oficina en (a) ▓▓▓▓. El director del centro es don (b) ▓▓▓▓. Yo estoy en el (c) ▓▓▓▓ piso y mi oficina es la nº 10. Mi teléfono directo es el (d) ▓▓▓▓ y mi correo electrónico (e) ▓▓▓▓▓▓. Le deseo buena suerte en este trabajo.

Un cordial saludo,

Margarita Carreño
Margarita Carreño
Jefa de personal

Estimado
Dear

bienvenido
welcome

buena suerte
good luck

Un cordial saludo
Kind regards

El nuevo empleado, Miguel Ángel Apraiz

Important – the noun *trabajo* (*el*) means both 'job', as in the letter above, and also 'work' in general.

The noun *oficina* (*la*) means both an office building and the room, as the word 'office' does in English.

FORMING QUESTIONS

You have already come across several words for asking questions.

These are interrogative adverbs and pronouns used to ask for information. To form a question, add the verb with its relevant personal ending as you would to make a statement.

Interrogative adverbs and pronouns

¿Cómo? (*How?*)

¿Dónde? (*Where?*)

¿Qué? (*What?*)

¿Quién? (*Who?*)

¿Cuál? (*Which? / What?*)

You don't need to add any extra words as you often do in English (e.g. Where **do** you work?).

> ¿Cómo es su oficina?   (What is your office like?)
>
> ¿Dónde trabaja?   (Where do you work?)
>
> ¿Qué escribe?   (What are you writing?)
>
> ¿Quién es el director?   (Who is the director?)
>
> ¿Cuál es su dirección?   (What is your address?)

Cuál literally means 'which' but *¿Cuál es...?* usually translates as 'What is...?' rather than 'Which is...?'.

See the relevant parts of the section *Interrogative adjectives and pronouns* in the grammar book.

2   Complete the questions below by choosing the right word from the two given in brackets.

Complete las preguntas.

(a) ¿ _____ es su primer apellido? (cuál / dónde)

(b) ¿ _____ vives, en un departamento o en una casa? (qué / dónde)

(c) ¿ _____ se llama usted? (cómo / qué)

(d) ¿ _____ es su dirección de correo electrónico? (dónde / cuál)

(e) ¿En _____ calle? (qué / cómo)

(f) ¿ _____ es la secretaria en su oficina? (quién / dónde)

Actividad 3.2 🎧 _____

In this activity you will learn how to ask and tell the time.

1   A school teacher in Valencia, Spain, is teaching her pupils how to tell the time. Listen to *Pista 12,* focus on the question she uses and and write it down.

Escuche y escriba la pregunta.

ASKING AND TELLING THE TIME

To ask the time, the interrogative *qué* is used with the third person of the verb *ser*:

> ¿Qué hora es?   (What time is it? / What's the time?)

The answer is in the singular for times relating to 1 o'clock and in the plural for all other times:

> Es la una. (It's one o'clock.)

> Son las dos, las tres, las cuatro… (It's two o'clock, three o'clock, four o'clock…)

Notice that the definite article *la/las* is always used with times. It is femnine because it refers to the noun *hora/horas.*

More precise time is given in the following way:

Es la una en punto. (It's exactly one o'clock.)

Es la una y cuarto. (It's a quarter past one.)

… y media. (… half past …)

… menos veinte. (… twenty to …)

… menos cinco. (… five to …)

See the section *Time (clock): La hora* in the grammar book.

2 Listen to *Pista 12* again and repeat the times given by the children.
   Escuche y repita.

3 Listen once more and write down (in number form) the times given.
   Escuche de nuevo y escriba.

4 Now listen to *Pista 13* and play the game.
   Escuche y juegue.

¡Qué tarde!
It's so late!

¡Mi zapato de cristal!
My glass slipper!

Note that *tarde* as an adverb means 'late', and is not to be confused with the noun *tarde (la)* which means 'afternoon/evening'.

Español de bolsillo 🎧 *(Pista 30)*
¿Qué hora es?   *What time is it?*
Son las doce en punto.   *It's (exactly) twelve o'clock.*
Son las doce y diez.   *It's ten past twelve.*
Son las doce y media.   *It's half past twelve.*
Es la una menos veinte.   *It's twenty to one.*
Es la una menos cuarto.   *It's quarter to one.*

Actividad 3.3 🎧

In this activity you will practise the intonation pattern of questions.

> **PRACTISING INTONATION**
>
> Here are some good ways of practising and improving your intonation (the rise and fall of the voice) when asking questions:
>
> - read aloud an extract from the CD while playing it (this is called 'shadow-reading'), imitating the speakers as they speak;
>
> - record yourself, listen to your recording and compare with the original audio.

1   Listen to *Pista 31* and shadow-read the questions in this *Español de bolsillo*, imitating how they are pronounced.

Escuche y lea en alto.

Español de bolsillo 🎧 (Pista 31)

¿Cómo se llama usted?   *What's your name?*

¿Cuál es su número de teléfono?   *What's your phone number?*

¿Dónde está su oficina?   *Where is your office?*

¿Qué hace usted?   *What are you doing?*

¿Quién es su jefe?   *Who is your boss?*

necesita
she needs

2   You are working at a post office in Santiago de Chile and a customer comes to send a parcel. Listen to *Pista 14* and ask him some questions in Spanish following the prompts.

Escuche y pregunte.

Léxico básico

bienvenido	*welcome*	oficina de correos (la)	*post office*
¡Buena suerte!	*Good luck!*	tarde	*late*
director (el)	*director, head*	trabajo (el)	*job; work*
en punto	*exactly*	Un cordial saludo	*Kind regards*
Estimado…	*Dear…*	… y cuarto	*quarter past …*
hora (la)	*time; hour*	… y media	*half past …*
jefe/a de personal (el/la)	*personnel manager*		

Sesión 4 Todos estamos capacitados

This session focusses on a Chilean organization called *Acción Solidaria*, which helps to provide training and jobs for disabled people.

Key learning points
- Introduction to Spanish verb conjugations
- Present tense of regular verbs (*-ar, -er, -ir*)

Actividad 4.1

In this activity you will learn to identify the three main kinds of verbs in Spanish.

1   Read the information on the following webpage of *Acción Solidaria*. Try to get the gist of the text, if possible without looking up any words in the dictionary.

   Lea el texto.

Discapacitados is a loose term embracing physical disability, mental health problems and learning difficulties.

ayudar
to help
hacer
to do/to make
repostería (la)
*confectionery,
baking*
escribir a
máquina
to type

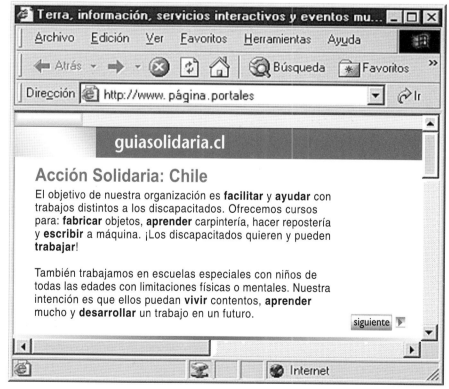

Terra, información, servicios interactivos y eventos mu...

Archivo   Edición   Ver   Favoritos   Herramientas   Ayuda

Atrás · Búsqueda Favoritos

Dirección http://www. página. portales

guiasolidaria.cl

Acción Solidaria: Chile

El objetivo de nuestra organización es **facilitar** y **ayudar** con trabajos distintos a los discapacitados. Ofrecemos cursos para: **fabricar** objetos, **aprender** carpintería, hacer repostería y **escribir** a máquina. ¡Los discapacitados quieren y pueden **trabajar**!

También trabajamos en escuelas especiales con niños de todas las edades con limitaciones físicas o mentales. Nuestra intención es que ellos puedan **vivir** contentos, **aprender** mucho y **desarrollar** un trabajo en un futuro.

siguiente

Internet

(Adapted from: http://www.guiasolidaria.cl/capacitaciontalleres1.htm and http://www.guiasolidaria.cl/discapacitados/escuelas1.html)

2   Now answer the following questions (in English).

   Conteste las siguientes preguntas (en inglés).

   (a) What is the aim of the organization?

   (b) What sort of courses do they offer?

   (c) Where else does the organization work?

   (d) How old are the children they work with?

VERB CONJUGATIONS

In Spanish there are three categories of verbs (*conjugaciones*), with infinitives ending in *-ar*, *-er* and *-ir* respectively.

Infinitives

1st conjugation -AR	2nd conjugation -ER	3rd conjugation -IR
hablar	comer	vivir
trabajar	beber	escribir

---

3   Classify the infinitives (those in bold print) from the text in step 1 into conjugations.

   Clasifique los verbos.

Primera conjugación (-ar)	Segunda conjugación (-er)	Tercera conjugación (-ir)
facilitar	...	...
...	...	...

Actividad 4.2 🎧

In this activity you will focus on the present tense of *-ar* verbs.

(yo) trabaj**o**	(nosotros, -as) trabaj**amos**
(tú) trabaj**as**	(vosotros, -as) trabaj**áis**
(él/ella/Ud.) trabaj**a**	(ellos/ellas/Uds.) trabaj**an**

Usted is often written as *Ud.* for short, and *ustedes* as *Uds.*

1   Complete the following sentences with the correct form of the verb in brackets. To do this, remove the *-ar* from the infinitive to get the stem, then add the appropriate personal ending.

   Complete las frases.

Ejemplo

(Nosotras) *trabajamos* (trabajar) con computadoras.

enseñar
to teach

terminar (de hacer)
to finish (doing)

estudiar
to study

carrera (la)
(*university*)
degree

(a) (Ustedes) _____ (enseñar) en un colegio.

(b) Susana _____ (hablar) con el secretario.

(c) ¿(Usted) _____ (terminar) de trabajar a las tres y media?

(d) (Yo) _____ (llamar) por teléfono a mi jefe.

(e) ¿Dónde _____ (estudiar) tú?

2   Listen to *Pista 15* and do the exercise.
Escuche y haga el ejercicio.

Actividad 4.3

THE PRESENT TENSE OF REGULAR -*ER* AND -*IR* VERBS

Verbs with infinitives ending in -*er* have the same personal endings in the present tense as -*ir* verbs, except for the *nosotros* and *vosotros* forms.

-*ER* and -*IR* present tense endings		
yo	aprendo	escribo
tú	aprendes	escribes
él/ella/Ud.	aprende	escribe
nosotros, -as	aprend**emos**	escrib**imos**
vosotros, -as	aprend**éis**	escrib**ís**
ellos/ellas/Uds.	aprend**en**	escrib**en**

See the section *Present Tense, Formation: Regular verbs* in the grammar book.

1   Complete the sentences below with the correct present tense form of the verb in brackets.
Complete las frases.

Ejemplo
Rosario *bebe* café. (beber)

beber
to drink

vender
to sell

comer
to eat

leer
to read

(a) ¿ _____ usted disquetes? (vender)

(b) ¿Dónde _____ tú y Jacinto? (vivir)

(c) Marisa, ¿tú qué _____ ? (comer)

(d) Lupita _____ la historia de Cuba. (estudiar)

(e) ¿Ustedes no _____ los emilios todos los días? (leer)

(f) Raúl y yo _____ francés en la Open University. (aprender)

abre
opens

barrendero/a
street cleaner

barre
sweeps

> ### VERB STEMS
>
> Regular verbs have two parts, a **stem** which does not change and a **personal ending** which does. To find out what the stem of a verb is, drop the *-ar, -er* or *-ir* of the infinitive (*habl-, com-, viv-*). Then, to use that verb in its different persons, add the personal endings of the respective conjugation to the stem (e.g. habl**o**, com**emos**, viv**en**).

2   Listen to *Pista 16* and repeat the sentences putting the job names into their feminine form.

Escuche y repita en femenino.

Enpoca**s pa**l**abras**

Dictionary skills: finding verbs in the dictionary

When you want to look up a verb in the dictionary, you will usually only find the infinitive form listed as an entry. So if you are reading a text and come across a verb you don't know, such as *corremos*, you first need to detach the personal ending (in this case *-emos*) to get the stem (in this case *corr-*), from which you get the infinitive *correr* (= to run). You then know which dictionary entry to look up.

del abuelo
grandad´s

¿crees…?
do you think…?

This procedure only works for regular verbs.

1   Read the following dialogue and underline the verbs.

Lea el diálogo y subraye los verbos.

2 Now work out what the infinitives of those verbs are and look them up in the dictionary.

Identifique y busque los infinitivos.

Vocabulary practice

Look at the box below and match each infinitive with all the nouns there that can go with it.

Enlace los infinitivos con los nombres correspondientes.

Ejemplo

Estudiar *una lección / un programa.*

Léxico básico

beber	*to drink*	hacer	*to do / to make*
comer	*to eat*	leer	*to read*
contestar	*to answer*	llamar (por teléfono)	*to phone, call*
discapacidad (la)	*disability*	recibir	*to receive*
discapacitados (los)	*disabled people*	responder	*to answer*
enviar	*to send*	terminar (de hacer)	*to finish (doing)*
estudiar	*to study*	vender	*to sell*

Sesión 5

Actividades y lugares de trabajo

In this session you will look at different people's occupations.

Key learning points

- Asking and describing what people do for a living
- Describing occupations

Actividad 5.1 🎧 _____

In this activity you will focus on ways of asking and answering about jobs.

1   Listen to *Pista 17*, where several people are asked what they do. Complete the questions below, exactly as you hear them asked.

Complete las preguntas.

(a) ¿ _____ _____ trabajas?

(b) ¿Trabajas o _____ ?

(c) ¿ _____ es su profesión?

2   Listen to the extract again and tick what the occupation of each speaker is.

Marque con una cruz las profesiones mencionadas.

(a) panadero	🥖	☐	(g) sacerdote	✝	☐
(b) cocinero	👨‍🍳	☐	(h) profesor de música	♪♫	☐
(c) informático	🖥	☐	(i) parado	**INEM**	☐
(d) ama de casa	🏠	☐	(j) catedrático de universidad	🎓	☐
(e) barrendera	🧹	☐	(k) estudiante	📚	☐
(f) jubilada	**IMSERSO**	☐	(l) taxista	**TAXI**	☐

"Trabajo de cocinero en un restaurante mexicano".

INEM AND IMSERSO

empleo (el)
employment

INEM is the *Instituto Nacional de Empleo* in Spain, where jobseekers register to find employment and obtain jobseekers' allowance, *el paro.* IMSERSO is the *Instituto de Migraciones y Servicios Sociales*, which provides a wide range of services for immigrants, disabled and elderly people, from home help to cut-price holidays.

3   Match each word of the first column with a word from the second and third columns to link each occupation with a related activity. The first has been done for you.

Ejemplo

la barrendera – barrer – calle

la barrendera	vender	pan
el ama* de casa	aprender	trabajo
la estudiante	programar	la calle
el informático	cuidar	ordenadores
el parado	barrer	el piano
el panadero	tocar	a los niños
el músico	buscar	el vocabulario

* *El ama de casa* – feminine nouns beginning with stressed letter *a* take the article *el* instead of *la* in the singular. The plural, however, takes the normal feminine plural article: **las** *amas de casa*.

4   Now put the infinitive into the correct form and write full sentences describing these occupations from each of the groups of words you have linked.

Escriba las frases.

Ejemplo

La barrendera barre la calle.

Actividad 5.2 🎧

In this activity you will practise describing an occupation.

periodista (el/la)
journalist

1. Read the occupations listed in the box below. Then listen to *Pista 18* and choose the speakers' occupations from the list below. Use the appropriate gender.

Escoja y complete con el género correspondiente.

> psicólogo, -a • secretario, -a • escritor, -tora • panadero, -a
> • vendedor, -dora • profesor, -sora • taxista • artista •
> cantante • ama de casa • piloto, -a

"Trabajo en una multinacional".

DESCRIBING WHAT PEOPLE DO FOR A LIVING

To give information on what you do, where you work, and for whom, you can use the following structures:

- *SER* + OCCUPATION.   *TRABAJAR* + *EN* / *PARA* + NOUN.

  Soy arquitecta. Trabajo **en** una compañía de construcción.
  (I'm an architect. I work **for** a construction company.)

  Es enfermero. Trabaja **para** un dentista local.
  (He's a nurse. He works **for** a local dentist.)

- *SER* + OCCUPATION.   VERB + NOUN.

  Soy barrendera. Barro la calle.

  Somos camioneros. Transportamos fruta.

Non-working people describe their situation in the following ways:

camionero (el)
truck driver

Estoy en paro (Sp). *or*

Estoy desempleado (LAm).   (I'm unemployed.)

Soy/Estoy jubilada.   (I'm retired.)

2. Write full sentences in the first person using the prompts below, with the verbs *ser* and *trabajar*.

Escriba frases completas.

Ejemplo

profesora / escuela de Managua

Soy profesora. Trabajo en una escuela de Managua.

(a) camarero / cafetería

(b) gerente / banco

(c) piloto / compañía aérea

(d) psicóloga / clínica infantil

EspejoCultural _____

In this section you will turn your thoughts to different kinds of jobs and workplaces in Spain.

1 Look at the following photographs and decide what the occupation of each person is from the list in the box.

Enlace las fotos con las profesiones.

(a)

(b)

(c)

(d)

(e)

> policía de tráfico • periodista • programador • recepcionista •
> kiosquero • guardia civil • portera • camarero • cocinero •
> telefonista • barrendera

2   Now match the occupations pictured above with the workplaces listed below.

Enlace las profesiones con los lugares de trabajo.

el kiosco • la calle • la portería • el bar • la carretera

When you have travelled in other regions or countries, have you found many jobs or workplaces to be different from where you live?

3   One of the people you saw in step 1 was a *portera*. Which of the following activities would you associate with a *portera / portero*?:
collecting parcels, fixing the lift, gossiping about the neighbours, living in the building, cleaning the stairs, directing visitors to the right flat, security of the building.

4   In step 1 you also saw a *kiosco*. These fulfil a similar function to British 'newsagents' but they stand alone in the street and much of their merchandise is displayed behind glass. Can you guess which of the following items are often sold in a Spanish *kiosco*?
– sweets, milk, videos, serialized magazine publications, pornographic magazines, lottery tickets, books.

Léxico básico

ama de casa (el *feminine*)	*housewife*	empresa (la)	*company*
barrendero, -a (el, la)	*street cleaner*	enfermero, -a (el, la)	*nurse*
barrer	*to sweep*	estar en paro (Sp)	*to be unemployed*
buscar	*to look for*	jubilado	*retired*
cafetería (la)	*cafeteria*	limpiar	*to clean*
camionero, -a (el, la)	*lorry driver*	lugar de trabajo (el)	*workplace*
carretera (la)	*road*	parado (Sp)	*unemployed*
clínica (la)	*clinic*	periodista (el/la)	*journalist*
colegio (el)	*(secondary) school*	policía (el/la)	*police officer*
cuidar	*to look after*	profesión (la)	*occupation, profession*
desempleado (LAm)	*unemployed*	tocar	*to play (a musical instrument)*

¿Dónde están las escaleras?

Patricio is gathering information about the layout and accessibility of different buildings, to get ideas for his latest designs. This will take you to a music college in Valencia, a job centre in Madrid and a museum in Havana.

Key learning points

- Directions within a building
- Prepositional phrases

Actividad 6.1 🎧

A colleague of Patricio's is taking notes about the layout of the music college. Listen to *Pista 19*, in which a student tells her the way to different parts of the building. Choose the correct answers from the options below.

Escuche y elija la frase correspondiente.

> The words *piso* and *planta* are both used to mean 'floor/storey'.

jefatura de
estudios (la)
*director of
studies' office*

aula (el *fem*)
classroom

(a) ¿Dónde está la jefatura de estudios?
   (i) Está en la segunda planta detrás de la dirección.
   (ii) Está en la segunda planta junto a la dirección.

(b) ¿Dónde está el aula de violín?
   (i) Está en el tercer piso.
   (ii) Está en el primer piso.

coordinador de
administración
(el)
*head of
administration*

despacho (el)
office

(c) ¿Dónde está el coordinador de administración?
   (i) Está en la planta baja junto al despacho del secretario.
   (ii) Está en la planta baja detrás del despacho del secretario.

(d) ¿Dónde está la sala de conciertos?
   (i) Está en el primer piso.
   (ii) Está en el tercer piso.

ASKING AND GIVING DIRECTIONS WITHIN A BUILDING

¿Dónde está la sala de conciertos?

La sala de conciertos **está en** la quinta planta.

As you know, prepositional phrases of position such as *al lado de* and *enfrente de* add more specific information.

Mi oficina está **al lado de** la recepción.

Mi oficina está **enfrente de** los aseos.

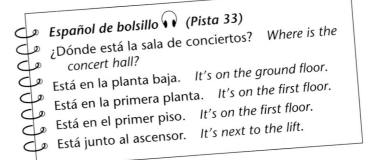

Further common prepositional phrases are:

> debajo de (under, below),
>
> encima de (on top of),
>
> junto a (next to).

See the section *Prepositions* in the grammar book.

Prepositions of position

al lado de	en el centro de
debajo de	enfrente de
delante de	entre
detrás de	junto a
encima de	

Español de bolsillo 🎧 *(Pista 33)*

¿Dónde está la sala de conciertos?   *Where is the concert hall?*

Está en la planta baja.   *It's on the ground floor.*

Está en la primera planta.   *It's on the first floor.*

Está en el primer piso.   *It's on the first floor.*

Está junto al ascensor.   *It's next to the lift.*

Actividad 6.2 🎧

In this activity it is you who will gather information about where the facilities are in a building, this time a job centre in Madrid.

1   Match each of the following written signs with the appropriate icon.

Enlace el icono con la palabra correspondiente.

(a) Acceso para discapacitados

(b) Aseos

(c) Información

(d) Escalera mecánica

(e) Tienda

(f) Cafetería

(g) Ascensor

(h) Escaleras

(i)

(ii)

(iii)

(iv)

(v)

(vi)

(vii)

(viii)

Escalera(s) and *escalera(s) mecánica(s)* can be used in either the singular or the plural form to refer to a single staircase or escalator respectively.

2 A member of staff at the job centre gives directions to two visitors. Listen to *Pista 20* and tick the three icons from the previous step that you hear mentioned.

Escuche e identifique los iconos mencionados.

3 Listen to *Pista 20* again and match each room with the floor it is on.

Escuche de nuevo y enlace.

voluntario
voluntary
voluntario (el)
volunteer

(a) la oficina de trabajo voluntario

(b) el despacho del director

(i) planta baja

(ii) primera planta

Verbs of direction
Siga por…
Gire a la izquierda.
Tome…

Español de bolsillo 🎧 *(Pista 34)*

¿Dónde está la oficina de trabajos voluntarios? *Where is the office for volunteers?*

Está aquí en la planta baja. *It's here on the ground floor.*

Siga todo recto por este pasillo. *Go straight along this corridor.*

Siga todo recto hasta las escaleras. *Go straight on until you reach the stairs.*

Está a la derecha del ascensor. *It's on the right-hand side of the lift.*

Está a la izquierda del ascensor. *It's on the left-hand side of the lift.*

Tome las escaleras mecánicas. *Take the escalator.*

Actividad 6.3

You will now go to the Museo Nacional de Bellas Artes (National Fine Art Museum) in Havana, Cuba.

1 You are at the information desk. Look on the next page at the jumbled leaflet for visitors and match the headings with the appropriate information. See if you can do this without looking up any words in the dictionary first.

Enlace la información.

horario (el)
timetable, schedule

(a) HORARIOS

(b) ENTRADAS

(c) SERVICIOS ESPECIALIZADOS

(d) TIENDAS DEL MUSEO

(e) CAFETERÍA

(i) Visitas dirigidas, visitas comentadas a las colecciones permanentes y exposiciones temporales.

(ii) Comidas ligeras y refrigerios.

(iii) $5.00 M.N. público nacional, $5.00 USD público extranjero. Tarifas reducidas a niños, estudiantes y jubilados.

(iv) De martes a sábado 10.00–18.00 horas. Domingos 09.00–13.00 horas.

(v) Reproducciones de obras de las colecciones, libros, catálogos, postales y artículos de regalo.

2   Use the information in this plan of the ground floor of the museum to answer the following questions of some visitors. Use the example as a model for giving directions. Record yourself.

Conteste y grábese en su cinta.

Ejemplo

¿Dónde están los aseos?

Gire a la derecha y los aseos están al fondo.

al fondo
at the end

(a) ¿Dónde está el ascensor?

(b) ¿Dónde está la cafetería?

(c) ¿Dónde están las escaleras?

(d) ¿Dónde está la tienda del museo?

PLANTA BAJA

Usted está aquí

Léxico básico

ascensor (el)	*lift*	información (la)	*information (desk)*
aula (el *feminine*)	*classroom*	museo (el)	*museum*
despacho (el)	*office*	pasillo (el)	*corridor*
escaleras (las)	*stairs*	sala de conciertos (la)	*concert hall*
escalera mecánica (la)	*escalator*		

Sesión 7

Empresa requiere...

Isabel Colomer, of *Expresiones*, has a son called Aitor Martínez Colomer, who is a photographer. He is looking for a job either in Spain or in Chile.

Key learning points

- Expressing requirements
- Understanding job advertisements

Imágenes de Santiago de Chile

Actividad 7.1

In this activity you will look at the language used in job advertisements.

1 Aitor is reading job advertisements from Chilean and Spanish newspapers. What posts are being advertised in each?

Identifique los empleos.

> **Ejemplo**
>
> (a) enfermeras/os

contrato (el)
contract

antecedentes (los)
background, work record

carta (la)
letter

pretensiones de renta
desired salary

CLÍNICAS PRIVADAS

en pleno centro
de Orense buscan

ENFERMERAS/OS

Requisitos: Titulación oficial de enfermería y horario flexible.
Ofrecemos: prácticas en distintas especialidades, contrato indefinido y curso gratuito de gallego.
Escribir enviando dirección y teléfono a: Clínica Santa Clara, c/ Corrales 15, 39804 Orense.

(a)

CADENA DE ARTÍCULOS DE OFICINA

requiere

CONTABLE

con experiencia y con conocimientos de computación

Enviar *currículum vitae* con foto a: Contable, código 392, casilla 9-N, Valparaíso.

(b)

EMPRESA

necesita

PROGRAMADOR

para oficinas en Concepción. Experto en: bases de datos, diseño sitios Internet, conocimientos de html. Enviar antecedentes y pretensiones de renta a:
Casilla 6-F, Concepción, Código Programador 7595.

(c)

COMPAÑÍA LÍDER

precisa

INGENIERO TÉCNICO

experto en construcción

Zona: Comunidad de Andalucía. Mínimo 2 años de experiencia en el montaje de grúas.
Enviar carta y CV al Apartado de Correos no. 2834, 04853, Málaga.

(d)

2   Read the advertisments in step 1 again and underline the following verbs (which do not appear in their infinitive form).

Subraye los siguientes verbos en el texto.

precisar • necesitar • requerir • buscar

EXPRESSING REQUIREMENTS

The following verbs are frequently used in job advertisements to express requirements: *precisar, necesitar, requerir* and *buscar*.

In advertisements, these verbs usually appear in the third person singular or plural:

Empresa requier**e** ingeniero.   (Company requires engineer.)

Empresas requier**en** ingeniero.   (Companies require engineer.)

VERBS OF REQUIREMENT

Singular	Plural
Tienda necesita…	Tiendas necesit**an**…
Compañía precisa…	Compañías precis**an**…
Universidad bus**ca**…	Universidades busc**an**…
Empresa requier**e**…	Empresas requier**en**…

3   Now write four sentences using a word from each circle and a verb of requirement.

Escriba cuatro frases.

Ejemplo

Escuela de música precisa violinista.

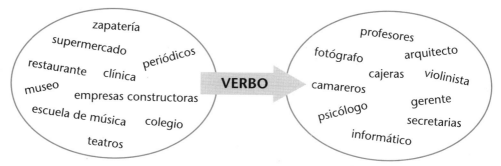

Actividad 7.2

In this activity you will learn how to understand other information in job advertisements.

UNDERSTANDING JOB ADS

Job advertisements in Spanish often specify the main requirements of the post under the heading *Requisitos* (Requirements) or *Se requiere* (Required / We require) and mention conditions and benefits of the post under the heading *Ofrecemos* or *Se ofrece* (We offer / Offered).

Requisitos	**Requirements**
conocimientos de francés / informática	*knowledge of French / computing*
experiencia en fotografía / psicología infantil	*experience of photography / child psychology*
titulación universitaria	*degree*
Detalles	**Details**
trabajo fijo *or* permanente	*permanent job*
trabajo eventual *or* temporal	*temporary job*
trabajo a tiempo parcial / completo	*part-time / full-time job*
contrato a plazo fijo	*fixed-term contract*
contrato por tiempo indefinido	*permanent contract*
salario competitivo	*competitive salary*
comisiones	*commission*
formación en la empresa	*in-house training*

Aitor has spotted a promising advertisement in a Chilean magazine. Complete the text using the information from the box.

Complete el anuncio.

fijo • universitaria • inglés • salario • fotógrafo • mínima de dos años

---

EMPRESA EDITORIAL busca (a) _____ .

Requisitos: titulación (b) _____ , experiencia (c) _____ , buen conocimiento de (d) _____ .

Ofrecemos: trabajo (e) _____ , buen (f) _____ .

Enviar currículum vitae y foto a: Domo, casilla 24, Correo Central, Santiago.

Actividad 7.3 🎧 _____

In this activity you will listen to some radio advertisements.

Listen to *Pista 21* and complete the table. You will probably need to listen to the advertisements several times.

Escuche y complete la tabla.

> In Spain the word *anuncio* is used for 'advertisement'. In Latin America the word *aviso* is more common.
>
> | | Empresa y contacto | Puesto | Se requiere | Se ofrece |
> |---|---|---|---|---|
> | (a) | Empresa Bibliotec, Tel: _____ | _____ | _____ | Horario flexible; _____ |
> | (b) | Compañía editorial, dirección electrónica _____ | _____ bilingüe. | Alemán y español, edad mínima _____ | _____ |
> | (c) | _____ El Zorro, C/ Atocha, nº ___ | _____ | Mínimo _____ de experiencia. | |
>
> You can see in the table above that the word *bilingüe* has two dots over the letter *u*. This is called a *diéresis* and indicates that the *u* should be pronounced. Normally the *u* in *'gue'* or *'gui'* is not pronounced, but only serves to keep the *g* sound 'hard', as in *Miguel* or *guitarra*.

Léxico básico

antecedentes (los)	background, work record	empresa (la)	company
anuncio (el) (Sp)	advertisement	experiencia (la)	experience
a tiempo completo	full-time	formación (la)	training
a tiempo parcial	part-time	ingeniero, -a (el, la)	engineer
aviso (el) (LAm)	advertisement	necesitar	to need
comisión (la)	commission	precisar	to need
compañía (la)	company	requerir	to require
conocimiento (el)	knowledge	requisitos (los)	requirements
contrato (el)	contract	salario (el)	salary
currículum vitae (el)	CV	temporal	temporary
		titulación (la)	qualifications

Sesión 8
De ocho a tres

In this session you will learn how to talk about work routines.

Key learning points

- Asking and saying at what time you do certain activities

- Expressing approximate time

Actividad 8.1

In this activity you will learn how to ask and answer questions about what you do at different times of the day.

1   Listen to *Pista 22*, in which some children are being asked what time they go to sleep. Take note of their answers and then complete the sentence below.

Escuche y complete la frase.

En España los niños van a dormir entre...

dormir
to sleep

ASKING AND SAYING THE TIME OF ACTIVITIES

To ask what time something takes place, use: *¿A qué hora* + verb?

¿A qué hora llegas a casa? (What time do you get home?)

The reply is: *a la(s)* + time

A las ocho. (At eight o'clock.)

or may include a verb, to make a full sentence:

Llego a casa a las ocho. (I get home at eight o'clock.)

¿A qué hora?	A las dos / tres / cuatro.
¿A qué hora llegas?	Llego a las dos.

---

2   Now listen to *Pista 23,* where someone will ask you at what time you do certain things. Answer the questions following the prompts.

Escuche y responda.

Ejemplo

You hear: ¿A qué hora va a trabajar?
                    (ocho y media)

You say: Voy a trabajar a las ocho y media.

Actividad 8.2

In this activity you will learn to use approximate time expressions to talk about your working day.

EXPRESSING APPROXIMATE TIME

To mention an approximate time that you do something, you can use *sobre* and *a eso de* (= around, about, roughly) or *más o menos* (= more or less, round about).

Llego a la oficina **sobre** las nueve.

You can add the approximate time of day by putting *de la mañana, de la tarde* or *de la noche* at the end of the sentence.

	a eso de			mañana
Veo la televisión	sobre	las diez	de la	tarde
	más o menos a			noche

ver
to see

ver la televisión
to watch television

Complete the following section of a survey about people's routines, stating the approximate time you do the following activities.

Complete la encuesta utilizando expresiones temporales.

¿A QUÉ HORA REALIZA USTED LAS SIGUIENTES ACTIVIDADES?

Actividad	Hora aproximada
Veo la televisión	entre las siete y las nueve de la noche.
Leo el periódico / una revista / una novela	
Escucho la radio	
Como	
Recibo el correo	
Hablo con los amigos	
Tomo el autobús / el metro / el tren	

tomar
to take

Español de bolsillo 🎧 (Pista 35)

¿A qué hora vas a trabajar?   *What time do you go to work?*

Voy a trabajar a las siete y media.   *I go to work at half past seven.*

¿A qué hora llegas al trabajo?   *What time do you get to work?*

A las ocho.   *At eight (o'clock).*

Sobre las ocho.   *At about / Around eight o'clock.*

¿A qué hora terminas de trabajar?   *What time do you finish work?*

Más o menos a las cinco.   *Some time around five.*

A eso de las cinco.   *At about / Around five.*

"Termino de trabajar a las siete y media".

"Como sobre las dos y media".

WORKING HOURS

Working hours in Spain vary, but the widespread practice in the private sector is to work from 8 or 9 am till 1 or 2 pm, then break till 4 pm and finish at 8 pm. In the hot summer months, many companies change to a *jornada intensiva* ('intensive working day') from 8 till 3 without a lunch break. Practices vary in Latin America, but a working day from 8 or 9 am till 6 pm is common, with one or two hours for lunch.

It is quite usual for Spanish office workers to take a break around 11 am to have a coffee or a light bite to eat. This is usually referred to as *el café de las once*. In Chile there is a snack called *las onces* but it is in the afternoon, around 5 pm.

Enpoca**s**pal**a**br**a**s

Vocabulary learning strategies: sequencing activities

One way to practise and help yourself memorize the verbs you have learnt is by sequencing them. Think of a context and then write the verbs in a sequence to show the order in which the actions they refer to take place.

What would a person looking for a job do? Put the following actions into a logical order.

Ordene las siguientes acciones.

> ir a la entrevista • leer los anuncios • enviar la carta •
> seleccionar un empleo • escribir una carta

empleo (el)
job

Diario hablado

1 Think of a job you would like to do. First think of all the nouns you have learnt for occupations and decide whether any would be ideal for you. Use the dictionary if you have not learned the Spanish word for your ideal job.

Piense en un trabajo.

> #### *Ejemplos*
>
> Psicóloga / barrendera / secretaria...

2 Now add some information about the job you have thought of. Work out the details about the job using the following points and example suggestions.

Tome nota de los detalles.

Lugares de trabajo: una oficina / un hospital / un museo...

Horas de trabajo: entre las diez y la una...

Actividad laboral: escribir / viajar...

Detalles, condiciones: un millón de libras / contrato por tiempo indefinido...

3   Finally, record yourself describing that job. When you finish, listen to your description and pay attention to your pronunciation and intonation.

Grábese en su cinta y escúchese.

You can start like this:

Soy psicólogo/a. Trabajo en…

Léxico básico

dormir	*to sleep*		radio (la)	*radio*
empleo (el)	*job* (also: *employment*)		seleccionar	*to select, choose*
entrevista (la)	*interview*		tomar	*to take*
escuchar	*to listen to*		ver	*to see*
llegar	*to arrive, get (somewhere)*		ver la televisión	*to watch television*
psicólogo, -a (el, la)	*psychologist*			

Sesión 9

Repaso

This session is designed to help you revise the language that you have learned so far in this unit.

EL CÓMIC

Write out in words the times that appear in the comic.

Escriba las horas en palabras.

SOPA DE LETRAS

Find seven verbs in the infinitive, each of five letters or more. The words can run in any direction. The first has been done for you (*comer*).

Encuentre siete verbos en infinitivo.

N	E	C	E	S	I	T	A	R	C	Z
O	M	O	E	E	M	O	P	E	E	E
B	P	Z	A	S	I	S	R	S	M	S
T	R	E	D	T	P	H	E	P	A	C
Z	E	R	C	O	C	T	A	O	S	R
U	S	R	N	V	Y	N	G	N	B	I
Y	A	E	M	R	T	L	I	D	L	B
R	E	M	R	I	B	I	C	E	R	I
R	R	O	K	N	N	D	Z	R	T	R
E	S	C	U	C	H	A	R	E	R	A
T	V	T	V	E	N	D	R	D	O	R

MI GRAMÁTICA

Put the jumbled words in order to form sentences.

Ponga las palabras en orden.

(a) veinte – las – llegamos – al – menos – trabajo – a – ocho

(b) el – leo – en – avisos – periódico – los

(c) parcial – mi – es – tiempo – trabajo – a

(d) director – junto – oficina – está – al – la – ascensor – del

(e) secretaria – requieren – multinacionales – bilingüe – empresas

(f) ¿ – qué – plaza – en – el – museo – está – ?

EL PEDANTE

Correct all the verb endings.

Corrija las terminaciones de los verbos.

(a) Virginia busco un empleo de profesora en el conservatorio.

(b) (tú) No necesita una impresora, hay una en mi oficina.

(c) ¿Vosotras viven en la Avenida de la Ilustración?

(d) Ustedes coméis en casa de sus hijos sobre las dos y media de la tarde.

(e) La sala de las impresoras están al lado de los aseos.

(f) Andrés y Sofía trabajamos de voluntarios en una escuela especial.

(g) (yo) Recibe una llamada al día de mi jefe.

(h) Tú y yo compro un vehículo para trabajar.

EL CANCIONERO 🎧

It's time again to join some friends for a singsong.

1 Listen to the song on *Pista 24* and note down the occupations mentioned in the song. Check your answers in the transcript and then look up the occupations in the dictionary if necessary.

Escuche y tome nota.

2 Listen to the song again and, if you like, sing along using the transcript.

Escuche de nuevo y cante.

jardinero (el)
gardener

basurero (el)
refuse collector

cartero (el)
postal worker

militar (el)
soldier

miembro del gobierno (el)
government administrator, civil servant

rápido
fast

poco
little

DOCUMENTAL 🎧

You are now going to listen to the third programme of the documentary series *En Portada*. In this programme you are going to learn about public sector employees in Spain.

Listen to *Pista 25,* which is the documentary *Los funcionarios,* and answer the following questions in English.

Escuche y conteste las preguntas.

(a) What is a *funcionario*?

(b) What sort of work do they do?

(c) What are the advantages of being a *funcionario*?

¡A prueba!

This session consists of a self-assessment test which will give you an idea of your progress throughout this unit. You will find answers, explanations and revision tips in the *Clave*.

Part A

Test your vocabulary

Cross the odd one out.

Tache la palabra intrusa.

(a) computadora • escáner • ficha • impresora

(b) en • detrás • sala • encima

(c) uno • dos • tres • cuarto

(d) profesor • anestesista • secretaria • disquete

(e) tercera • octava • noventa • novena

(f) caminar • comer • beber • comprender

(g) dónde • qué • estudias • cómo

(h) al lado de • junto a • detrás de • a veces

(i) oficina • cocinero • sala de conciertos • banco

(j) aviso • experiencia • ascensor • salario

Test your grammar

1   Fill in the gaps with the appropriate interrogative from the box.

Complete las preguntas.

qué • cuál • dónde • cómo • quién

(a) ¿ _____ lees? – Leo un aviso de trabajo.

(b) ¿ _____ se llama el director? – Se llama Emilio Zaera.

(c) ¿ _____ es su despacho? – Es la puerta número 45.

(d) ¿ _____ necesita esta computadora? – Yo no, la directora del centro.

(e) ¿ _____ trabaja usted? – Trabajo en mi estudio, en casa.

2   Make five sentences using all five parts of each column.

Escriba frases con las palabras de cada columna.

(a) Mis padres	no comprendo el programa	en la biblioteca.
(b) Marisa	vive en	en una tienda de Santiago.
(c) Yo	leemos el periódico	en el conservatorio.
(d) Tú y Gabriela	venden muebles de oficina	la calle Santa Cruz.
(e) Fernando y yo	enseñáis música	de esta computadora.

3   Fill in the gaps with the appropriate verb form from the box.

Complete las frases con el verbo correspondiente.

> llega • trabajan • necesita • son • escribimos • miran •
> respondes • limpiáis • mandáis • lee • está

(a) En esta empresa los técnicos _____ de ocho de la mañana a tres de la tarde.

(b) Nosotras _____ muchas cartas a los clientes.

(c) Luis _____ a la oficina a las diez.

(d) Usted _____ el correo por las mañanas.

(e) ¿Cuál de vosotras _____ una caja de disquetes?

Part B 🎧

Test your listening skills

You work in an office. There are some messages on your answerphone. Listen to *Pista 26* and complete the table with the information given by the three people who rang. Only the white boxes require filling.

Escuche y tome nota.

	Persona (a)	Persona (b)	Persona (c)
Nombre			
Dirección			
Número de teléfono			
Correo electrónico			

Part C

Test your speaking skills

Form questions to obtain the information highlighted in bold below. Record yourself on a blank tape.

Escriba preguntas y grábese en su cinta.

(a) Alberto es **mi secretario**.

(b) Mi correo electrónico es **fernandez@malaga-30.net**

(c) Los jóvenes estudian **en una universidad pública**.

(d) Envío **un fax urgente**.

(e) Somos **jubilados**.

Part D 🎧

Test your communication skills

1   Listen to *Pista 27*, in which Marina Fontán and Javier Arana talk about their jobs and where they work. Answer the following questions about each person.

Complete la tabla.

	Marina Fontán	**Javier Arana**
¿Cuántos años tiene?		
¿Cuál es su profesión?		
¿Dónde trabaja?		
¿En qué planta?		
¿Cuántas horas trabaja?		

2   Now write a paragraph about Marina using your notes from step 1.

Escriba un párrafo sobre Marina.

You can start like this:

Marina tiene…

3   Using the questions from step 1, record yourself giving information about yourself. You may choose to invent the personal information asked.

Grábese en su cinta.

Clave

Actividad 1.1

1
sofás	1	cámaras digitales	2
mesas	2	discos compactos	10
sillas	4	cajas de disquetes	8
impresoras		cajas de fichas	3
láser	1	paquetes de papel	5

Papel higiénico (mentioned in audio extract *Pista 2*) means 'toilet paper'.

2 (a) un ordenador, (b) una computadora, (c) una ficha, (d) una caja, (e) un bolígrafo.

Actividad 1.2

1
44 cuarenta y cuatro	77 setenta y siete
49 cuarenta y nueve	84 ochenta y cuatro
51 cincuenta y uno	87 ochenta y siete
56 cincuenta y seis	89 ochenta y nueve
63 sesenta y tres	91 noventa y uno
69 sesenta y nueve	96 noventa y seis
72 setenta y dos	99 noventa y nueve
75 setenta y cinco	

4 **Concepción**:

Tel: 56 41 22 79 76; fax: 56 41 24 49 99.

Temuco:

Tel: 56 45 21 19 69; fax: 56 45 21 55 09.

Actividad 1.3

(a) 4°_{a} = cuarto, (b) 8° = octavo,
(c) 9^{a} = novena,
(d) 10^{a} = décima; 1er = primer.

Actividad 1.4

2 (b) grupof@s-martin.cl

(c) vicente3@lancaster.ac.uk

(d) fiesta@oficina.director.es

Actividad 2.1

1 Apellidos, calle, departamento, correo electrónico.

2 **Nombre y apellidos**: Guillermo Pascual Herrero

Edad: 19

Dirección: Calle Huérfanos n°. 31, dept. 7

Teléfono: 02584179

Correo electrónico: pascual60@hotmail.com

Actividad 2.2

1 Hotel Prado, Calle **Baras**.

Hotel Magenta, fono: **41 48 93 00**.

Hotel Alonso de **Ercilla**, Plaza de **Armas**.

Actividad 3.1

1 (b) ¿Quién es el director?

(c) ¿En qué piso está su oficina?

(d) ¿Cuál es su número de teléfono?

(e) ¿Cuál es su dirección de correo electrónico?

2 (a) Cuál, (b) Dónde, (c) Cómo, (d) Cuál, (e) qué, (f) Quién.

Actividad 3.2

1 The question used is: *¿Qué hora es?*

3 The times mentioned in the extract are:

12.00	11.30
1.00	2.30
2.00	4.30
3.00	10.30
4.00	

Actividad 4.1

2   (a) To help disabled people obtain jobs
        ("*facilitar y ayudar con trabajos distintos
        a los discapacitados*" = 'to provide and
        help disabled people with different
        jobs').

    (b) Manufacturing objects, woodwork,
        baking and typing ("… *fabricar
        objetos, aprender carpintería, hacer
        repostería y escribir a máquina*").

    (c) In special schools ("… *en escuelas
        especiales*").

    (d) Children of all ages ("… *niños de
        todas las edades*").

3   **Primera conjugación**: facilitar, ayudar,
    fabricar, trabajar, desarrollar.

    Segunda conjugación: aprender.

    Tercera conjugación: escribir, vivir.

Actividad 4.2

1   (a) enseñan, (b) habla, (c) termina,
    (d) llamo, (e) estudias.

Actividad 4.3

1   (a) vende, (b) vivís ("tú y Jacinto"
    amounts to 'you' plural = vosotros),
    (c) comes, (d) estudia, (e) leen,
    (f) aprendemos ("Raúl y yo" *amounts to
    'we'* = nosotros).

En pocas palabras

Dictionary skills

1   fumas, es, está, bebes, tomo, crees, vives,
    sales.

2   fumar, ser, estar, beber, tomar, creer, vivir,
    salir.

Vocabulary practice

enviar un mensaje / un fax / un paquete

leer un mensaje / una lección / un fax / un
programa / una dirección / un apellido

responder un mensaje / un fax

escribir un mensaje / una lección / un fax /
un programa / una dirección / un apellido

recibir un mensaje / un fax / un paquete
(*recibir una lección* is also possible).

Actividad 5.1

1   (a) ¿**En qué** trabajas?

    (b) ¿Trabajas o **estudias**?

    (c) ¿**Cuál** es su profesion?

2   barrendera, ama de casa, estudiante ("yo
    estudio"), sacerdote *and* catedrático de
    universidad, profesor de música, parado
    ("estoy en paro").

3   el ama de casa – cuidar – a los niños

    la estudiante – aprender – el vocabulario

    el informático – programar – ordenadores

    el parado – buscar – trabajo

    el panadero – vender – pan

    el músico – tocar – el piano

4   Here are full sentences:

    El ama de casa cuida a los niños.

    La estudiante aprende el vocabulario.

    El informático programa ordenadores.

    El parado busca trabajo.

    El panadero vende pan.

    El músico toca el piano.

Actividad 5.2

1   profesor, cantante, vendedor, ama de
    casa, taxista.

2   (a) Soy camarero. Trabajo en una
        cafetería.

    (b) Soy gerente. Trabajo en un banco.

    (c) Soy piloto. Trabajo en una compañía
        aérea.

    (d) Soy psicóloga. Trabajo en una clínica
        infantil.

Espejo Cultural _____

1. (a) kiosquero, (b) portera, (c) guardia civil, (d) camarero, (e) barrendera.

2. (a) el kiosco, (b) la portería, (c) la carretera, (d) el bar, (f) la calle.

   All the occupations shown in the pictures are common to most countries, except perhaps for the *guardia civil*, which is a specific (Spanish) police force. What may be different is how common these jobs are in Spain; newspaper sellers, police officers, waiters and street sweepers can be seen active every day of the week, good weather being an important factor for the high level of street activity in many Hispanic countries. There may also be differences with your country with regard to uniforms, working places and working schedules.

3. The *portera / portero* is a role which has often been stereotyped as someone who knows everything about the neighbours. In general, *porteros* in Spain collect parcels, clean the stairs, direct visitors and in a way act as security for the building, as a deterrent for unwelcome visitors – they tend to know who is in or out of the building and many *porteros* live in the building they look after. However, the role of the *portero*, an established figure in Spanish life frequently portrayed in fiction and film, is now disappearing.

4. *Kioscos* vary greatly, but all of the items listed are commonly sold in them except for milk.

Actividad 6.1

(a) – (ii), (b) – (ii), (c) – (i), (d) – (i).

Actividad 6.2

1. (a) – (iv), (b) – (vii), (c) – (vi), (d) – (iii), (e) – (viii), (f) – (i), (g) – (v), (h) – (ii).

2. The icons mentioned are: *ascensor, escaleras mecánicas, aseos.*

3. (a) – (i), (b) – (ii).

Actividad 6.3

1. (a) – (iv), (b) – (iii), (c) – (i), (d) – (v), (e) – (ii).

2. (a) Gire a la izquierda. El ascensor está al fondo.

   (b) Gire a la izquierda y luego a la derecha. Siga por el pasillo. La cafeteria está al fondo, a la izquierda.

   (c) Gire a la derecha y luego a la izquierda. Siga por el pasillo. Las escaleras están al fondo.

   (d) Gire a la izquierda y después a la derecha. La tienda del museo está al fondo, a la izquierda, al lado de la cafetería.

Actividad 7.1

1. (a) enfermeras/os, (b) contable, (c) programador, (d) ingeniero técnico.

2. Advertisement (a): *buscan.*

   Advertisememt (b): *requiere.*

   Advertisement (c): *necesita.*

   Advertisement (d): *precisa.*

3. Here are some possible answers:

   Supermercado requiere cajeras.

   Clínica necesita psicólogo.

   Restaurante busca camareros.

   Periódicos precis**an** fotógrafo. *(Here you needed to remember to change the verb ending to the plural.)*

Actividad 7.2

(a) fotógrafo, (b) universitaria, (c) mínima de dos años, (d) inglés, (e) fijo, (f) salario.

Actividad 7.3

	Empresa y contacto	Puesto	Se requiere	Se ofrece
(a)	Empresa Bibliotec, Tel: **96-324-76-41**	**Vendedor.**	**Coche propio.**	Horario flexible; **comisiones excelentes.**
(b)	Compañía editorial, dirección electrónica **edimil@internet.com**	**Secretaria** bilingüe.	Alemán y español, edad mínima **24 años.**	**Buen salario.**
(c)	**Restaurante mexicano** El Zorro, C/ Atocha, nº **36.**	**Camarero.**	Mínimo: **tres años** de experiencia.	

Actividad 8.1

1   En España los niños van a dormir entre **las nueve y las diez y media.**

Actividad 8.2

Here are some possible answers:

Leo el periódico **sobre las once de la noche.**

Escucho la radio **a eso de las siete y media de la mañana.**

Como **a la una en punto** / Como **sobre la una.**

Recibo el correo **más o menos a las nueve y a las doce de la mañana.**

Hablo con los amigos **sobre las seis de la tarde.**

Tomo el autobús **a las ocho menos cuarto de la mañana y sobre las cinco de la tarde.**

En pocas palabras

Vocabulary learning strategies

Here is the most likely sequence of actions:

leer los anuncios → seleccionar un empleo → escribir una carta → enviar la carta → ir a la entrevista

Diario hablado

3   Here is a possible answer:

Soy psicóloga. Trabajo en un laboratorio entre las doce y las tres de la tarde. Hago experimentos y escribo informes para una compañía multinacional. Tengo un contrato por tiempo indefinido y un salario de cuarenta mil libras.

SESIÓN 9

EL CÓMIC

Son las nueve y media de la mañana.
¡Son las cuatro y media de la mañana!
Son las tres y cuarto de la noche.
¡Son las diez y cuarto de la noche!

SOPA DE LETRAS

N	E	C	E	S	I	T	A	R	C	Z
O	M	O	E	E	M	O	P	E	E	E
B	P	Z	A	S	I	S	R	S	M	S
T	R	E	D	T	P	H	E	P	A	C
Z	E	R	C	O	C	T	A	O	S	R
U	S	R	N	V	Y	N	G	N	B	I
Y	A	E	M	R	T	L	I	D	L	B
R	E	M	R	I	B	I	C	E	R	I
R	R	O	K	N	N	D	Z	R	T	R
E	S	C	U	C	H	A	R	E	R	A
T	V	T	V	E	N	D	R	D	O	R

MI GRAMÁTICA

(a) Llegamos al trabajo a las ocho menos veinte.

(b) Leo los avisos en el periódico.

(c) Mi trabajo es a tiempo parcial.

(d) La oficina del director está junto al ascensor.

(e) Empresas multinacionales requieren secretaria bilingüe.

(f) ¿En qué plaza está el museo?

EL PEDANTE

(a) bus**ca**, (b) necesit**as**, (c) viv**ís**, (d) com**en**,(e) est**á**, (f) trabaj**an**, (g) recib**o**, (h) compr**amos**.

EL CANCIONERO

1 The occupations mentioned in the song are: *zapateros* (shoemakers), *carpinteros* (carpenters) and *panaderos* (bakers).

DOCUMENTAL

(a) A *funcionario* is a public sector employee.

(b) *Funcionarios* include: teachers, doctors, refuse collectors, gardeners, police officers, postal workers, army officers, and civil service administrators.

(c) Job stability ("… *tenemos una* **estabilidad** *muy alta en el trabajo*"; "… *es un trabajo permanente, muy* **estable**"), and a 37 hour working week.

SESIÓN 10

Part A

Test your vocabulary

(a) ficha (*The others are machines.*)

(b) sala (*The others are prepositions.*)

(c) cuarto (*The others are cardinal numbers.*)

(d) disquete (*The others are occupations.*)

(e) noventa (*The others are ordinal numbers.*)

(f) caminar (*The others are -er ending infinitives.*)

(g) estudias (*The others are interrogatives.*)

(h) a veces (*The others are prepositional phrases.*)

(i) cocinero (*The others are places.*)

(j) ascensor (*The others are related to job advertisements.*)

Test your grammar

1 (a) Qué, (b) Cómo, (c) Cuál, (d) Quién, (e) Dónde.

Revision Go to *Sesión 3* to practise interrogative adverbs and pronouns.

2 (a) Mis padres venden muebles de oficina en una tienda de Santiago.

(b) Marisa vive en la calle Santa Cruz.

(c) Yo no comprendo el programa de esta computadora.

(d) Tú y Gabriela enseñáis música en el conservatorio.

(e) Fernando y yo leemos el periódico en la biblioteca.

3 (a) trabajan, (b) escribimos, (c) llega, (d) lee, (e) necesita.

Revision Go to *Sesión 4* to revise the three conjugations of regular verbs.

Part B

Test your listening skills

	Persona (a)	Persona (b)	Persona (c)
Nombre	Pedro Garay	María José Reverte	María Fernández Ramírez
Dirección		C/ América 12, 2º	
Número de teléfono	25 50 92		48 67 23
Correo electrónico	pg18@nexo.es	mjr15@hotmail.com	

> **Revision** Go to *Sesiones 1* and *2* to revise numbers and spelling of names, numbers and e-mail addresses.

Part C

Test your speaking skills

(a) ¿Quién es Alberto?

(b) ¿Cuál es tu / su correo electrónico?

(c) ¿Dónde estudian los jóvenes?

(d) ¿Qué envía(s)?

(e) ¿En qué trabajan ustedes? / ¿Cuál es su profesión?

> **Revision** Go to *Sesión 3* to practise how to form and pronounce questions.

Part D

Test your communication skills

1   **Marina Fontán**: 70 años, trabajo de voluntaria, en un hospital, en la quinta planta, unas tres horas al día.

Javier Arana: 42 años, profesor en el conservatorio de Madrid, planta baja, cinco horas al día.

2   Marina tiene setenta años. Trabaja de voluntaria en la quinta planta de un hospital. Trabaja unas tres horas al día.

3   Here is a possible answer:

Tengo cuarenta y ocho años. Soy vendedora. Trabajo en la primera planta de una tienda de ordenadores. Trabajo seis horas al día.

> **Revision** Think of a friend or a family member and try to talk about their job and what you know about their daily routine.

2

Hogar, dulce hogar

This unit is about houses, homes and buildings.
First you will find out about different types of
housing in Spain and then you will look at some
house interiors and learn vocabulary for rooms,
furniture and household objects. Later you will visit
some famous neighbourhoods of Santiago de Chile
and Valencia to look at their architecture and
character.

OVERVIEW: HOGAR, DULCE HOGAR

Session	Language points	Vocabulary
1 ¿Casa o piso?	• Talking about homes and the rooms in them • Asking 'how many'?	Types of houses and rooms: *el piso, la habitación, la vivienda*, etc.
2 Mi casa es muy sencilla	• Using adjectives to describe a home • Using intensifiers to describe more precisely • Exclamations	Describing a home: *amplio, cómodo, oscuro*, etc.
3 Muebles para el hogar	• Numbers above 100 • Prepositions of position • Describing a room	Furniture: *la cama, el armario, la estantería*, etc.
4 Electrodomésticos para todo	• Asking and explaining what something is • Explaining the use or purpose of an appliance • 'This/that' referring to objects	Home appliances: *la cafetera, el horno, la nevera*, etc.
5 Un paseo por la ciudad	• Expressing likes and dislikes (singular) • Giving reasons	Describing buildings: *clásico, original, elegante*, etc.
6 Me gustan los parques	• Expressing likes and dislikes (plural) • Impersonal verbs	Features of cities: *el distrito, la zona, el teatro*, etc.
7 Edificios con historia	• Asking about buildings • Describing public buildings	City buildings: *el museo, el convento*, etc. Building materials: *el barro, el ladrillo, la madera*, etc.
8 Busco casa	• Talking about wishes and needs • Specifying requirements	House specifications: *el porche, deber, tener que*, etc.
9 Repaso	Revision	
10 ¡A prueba!	Test yourself	

Cultural information	Language learning tips
Different types of housing in Spain.	
	Pronunciation: intonation of exclamations.
Drinking vessels used in Hispanic kitchens.	
	Pronunciation: the sound of vowels. Selecting the right sense of a word in a dictionary entry.
Contemporary architecture in Santiago de Chile.	Reading skills: dealing with unknown verb tenses.
More about the city of Santiago de Chile.	
Valencian architecture.	Listening skills: getting used to different accents of Spanish speakers.
	Ways of consolidating vocabulary.

Sesión 1

¿Casa o piso?

In this session you will start learning how to talk about houses and homes.

Key learning points

- Talking about homes and the rooms in them

- Asking 'how many?'

Actividad 1.1

This activity introduces you to different types of houses in Spain.

1 Read the text and decide if the following statements are true or false.

¿Verdadero o falso?

piso (el)
flat

hoy en día
nowadays

vivienda (la)
housing;
dwelling, home

pueblo (el)
village, small
town

urbanización (la)
development

campo (el)
country(side)

en las afueras
in the outskirts

La vivienda en España

La mayoría de la población urbana vive en pisos. Las ciudades tienen edificios de pisos modernos y antiguos. Las casas para una sola familia (unifamiliares) son raras en las ciudades, pero frecuentes en las zonas rurales.

Hoy en día con la construcción de nuevas viviendas hay bloques de pisos modernos en los pueblos y en las ciudades. La construcción de casas unifamiliares, para las vacaciones, es muy frecuente en urbanizaciones cerca de la playa o en el campo. También hay viviendas unifamiliares en las nuevas urbanizaciones de chalets en las afueras de las ciudades.

	Verdadero	Falso
(a) Most people in large cities live in houses, not flats.	❏	❏
(b) Houses (as opposed to flats) are more frequent in small towns and villages.	❏	❏
(c) Blocks of modern flats are being built in cities and in small towns and villages.	❏	❏
(d) Holiday houses are becoming quite popular.	❏	❏
(e) Houses are not found in the outskirts of cities.	❏	❏

2 Look at these pictures of different types of housing in Spain and try to match them with the captions below.

Enlace las casas con sus descripciones.

Ejemplo

(a) – (iii)

(a) bloque de pisos moderno

(b) edificio de pisos antiguo

(c) chalet en las afueras

(d) casa de pueblo

(i)

(iii)

(ii)

(iv)

CASA

The word *casa* literally means 'house' but most people refer to the place where they live as their *casa*, regardless of whether it is a house, flat or any other type of dwelling. Most people in cities in Spain and Latin America live in flats. *Casa* also means 'home' (as does the word *hogar*).

> In Latin America, the word *departamento* is used instead of *piso* to mean 'flat' or 'apartment'. Remember that the word *piso* also means 'floor/storey'.

3   Listen to *Pista 36* to hear some people talking about where they live. Complete the sentences. The first has been done for you.

Complete las frases.

"*Vivo en un chalet de dos plantas*".

"*Vivo en un estudio*".

estudio (el)
studio flat

ático (el)
top-floor apartment /attic flat

(a) Vive en Madrid, *en un ático.*

(b) Vive en Barcelona, _____

(c) Viven en Sevilla, _____

(d) Vive en Málaga, _____

(e) Vive en Valladolid, _____

CHALET

In Spain, there are various terms for traditional types of farmhouse in different regions. But a more modern house, as opposed to a flat, is generally called *un chalet* (or *chalé*). Developments (*urbanizaciones*) of these have become widespread in the suburbs and satellite towns of cities and large towns. The term is also used to refer to a villa or even a (not very old) cottage.

Actividad 1.2 🎧

In this activity you will learn the names of rooms.

1   Put the room names from the box below in the right place in the following house plan. The first letter of each word is given. One word appears twice.

Escriba los nombres de las habitaciones.

entrada • pasillo • comedor • dormitorio •
cocina • baño • balcón • salón

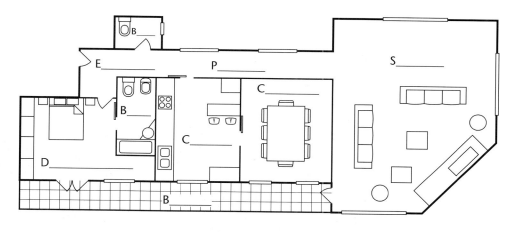

B____   E____   P_____   S_____

C____   B____   C____   D_____   B____

habitación (la)
room

patio trasero (el)
rear patio, back yard

2   Listen to *Pista 37,* where two people talk about their homes. Which picture below shows the home of speaker (a) and which that of speaker (b)?

¿Dónde vive cada persona?

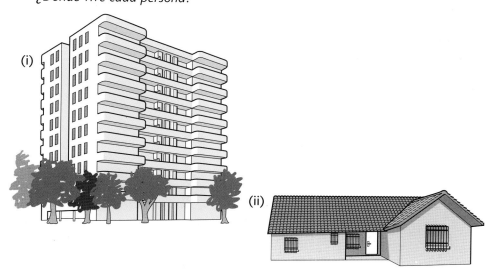

(i)

(ii)

3   Look at the floor plan below and write in the names of the rooms.
    Mire y escriba.

4   Listen to *Pista 37* again and identify which of the two speakers lives in this home.
    Escriba y conteste: ¿quién vive en esta casa?

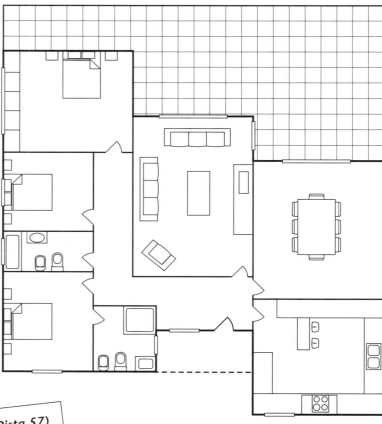

Español de bolsillo 🎧 (Pista 57)

¿Cómo es su casa?   *What's your house like?*

¿Cómo es tu casa?

Es un chalet de un piso.   *It's a bungalow. / It's a single storey house.*

Tiene tres dormitorios.   *It has three bedrooms.*

Tiene dos baños.   *It has two bathrooms.*

DIFFERENT WORDS FOR ROOMS

The nouns *habitación and cuarto* are used in a general sense to refer to any room in the house, but they can also mean 'bedroom', the precise word for which is *dormitorio* in Spain, *pieza* in parts of Latin America and *recámara* in Mexico. Some English nouns are used to refer to rooms in a house – for example, *el salón* or *la sala de estar* is called *el living* in South America, and *la entrada* is commonly refered as *el hall* in many countries including Spain. The noun *baño* is a common abbreviation of *cuarto de baño* (bathroom).

Actividad 1.3 🎧

ASKING HOW MANY

To ask 'how many?' in Spanish, use the interrogative *¿cuántos?* / *¿cuántas?*
Cuántos is for asking about a masculine plural noun:

¿Cuánt**os cuartos** de baño tiene tu casa? – Tiene un baño.

Cuántas is for asking about a feminine plural noun:

¿Cuánt**as habitaciones** hay en tu departamento? – Hay tres
habitaciones.

You will see in the examples above that the verbs *tiene(n)* and *hay* are
commonly used in this structure.

See the section *Interrogative pronouns and adjectives* in the grammar book.

1 Fill in the gaps in the questions below with *cuántos* or *cuántas*.

Complete las preguntas.

terraza (la)
(sun) terrace

(a) ¿ _____ terrazas tiene su piso?

(b) ¿ _____ dormitorios tiene tu ático?

(c) ¿ _____ casas hay en la calle Lanzat?

(d) ¿ _____ pisos hay en el edificio Balboa?

(e) ¿ _____ balcones tienen estos departamentos?

2 Now write questions to produce the following answers.

Escriba las preguntas.

Ejemplo

Esta casa tiene dos plantas.

¿Cuántas plantas tiene esta casa?

(a) Tiene tres dormitorios en la primera planta.

(b) En la primera planta hay dos cuartos de baño.

(c) En la planta baja hay un garaje.

(d) En la segunda planta hay dos terrazas.

3 You are now ready to ask a friend some questions about her new home.
Listen to *Pista 38* and ask your questions following the prompts.

Escuche y haga preguntas.

Actividad 1.4

You are now going to write a simple description of your home.

Escriba una descripción de su casa.

Use these questions to help you with your description:

> ¿Vive en una casa? ¿Cuántas plantas tiene?
>
> ¿Vive en un piso? ¿En qué planta?
>
> ¿Cuántos dormitorios tiene? ¿Cuántos baños tiene? ¿Tiene garaje?

ASKING ABOUT A PROPERTY

The questions above are perhaps typical questions an English speaker would ask about someone's home. In Spain, typical questions asked about a property are:

¿Cuántos metros cuadrados tiene?

How many square metres does the property occupy?

Does it have fitted wardrobes?

¿Tiene armarios empotrados?

Does it have a terrace? (Gardens are unusual since most people live in flats.)

¿Tiene terraza?

¿Cuánto es la comunidad?

How much is the *comunidad* charge? (*comunidad* = residents association of a block of flats).

Léxico básico

ático (el)	*attic*		habitación (la)	*room*
balcón (el)	*balcony*		pasillo (el)	*corridor*
baño (el)	*toilet; bathroom*		patio (el)	*patio*
chalet (el)	*house*		piso (el)	*flat, apartment*
cocina (la)	*kitchen*		planta baja (la)	*ground floor*
comedor (el)	*dining room*		sala de estar (la)	*living room*
cuarto de baño (el)	*bathroom*		salón (el)	*living room*
dormitorio (el)	*bedroom*		terraza (la)	*(sun) terrace, (large) balcony*
entrada (la)	*hall* (also: *entrance*)		vivienda (la)	*housing; home, dwelling*
garaje (el)	*garage*			

Sesión 2

Mi casa es muy sencilla

In this session you will learn how to describe a home.

Key learning points

- Using adjectives to describe a home
- Using intensifiers to describe more precisely
- Exclamations

Actividad 2.1

In this activity you will learn adjectives to describe a house or flat.

1 The Spanish adjective on the second floor of the house below is joined by a spaghetti line to its opposite meaning on the first floor. Use the English translations in the attic to work out the English translations on the ground floor. The first has been done for you.

Enlace y traduzca.

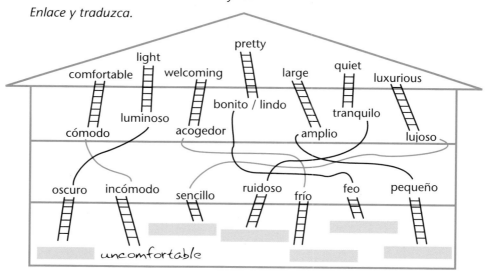

DESCRIBING A HOME

Unlike in English, adjectives in Spanish normally follow the noun that they describe. As you know, they also agree with the noun in gender and number:

una casa antigua	unas casas antiguas
un piso pequeño	unos pisos pequeños

To add other information about a house you can use prepositional phrases such as *con* (with) + noun, *en* + noun, *de* + noun:

un piso **con** ascensor

un ático **en** el centro

una casa **de** campo

See the section *Adjectives* in the grammar book.

Position of adjectives
NOUN + ADJECTIVE
un chalet lujoso
unas habitaciones amplias

G

2   Match up the two halves of each of the following house advertisements.
Enlace los anuncios.

(a) Arquitectos necesitan ÁTICOS

(b) Familia con animales requiere CHALET

(c) Agencia inmobiliaria busca APARTAMENTOS con terrazas

(d) Pareja busca casa

(ii) modernos con ascensor.

(i) amplias.

(iii) pequeña y cómoda.

(iv) lujoso con jardín.

Actividad 2.2 🎧

This activity will show you how to qualify adjectives.

1   Isabel has a friend back in Spain called Mercedes, who has just bought a new house in Denia, near Valencia. Listen to *Pista 39,* in which Mercedes is showing the house to some friends, and put the following rooms in the order that you hear them mentioned.

Escuche y tome nota.

sala de estudio   ❑   salón-comedor   ❑

cocina   ❑   cuarto de baño   ❑

tendedero de ropa   ❑

agradable
pleasant, nice

tendedero de ropa (el)
space for drying clothes

2   Listen to *Pista 39* again and write down the adjectives the visitors use to comment on the following rooms.

Escuche de nuevo y escriba.

(a) cuarto de baño

(b) cocina

(c) sala de estudio

Español de bolsillo 👂 (Pista 58)

Aquí tenemos un cuarto de baño, y enfrente tenemos una cocina.   *There's a bathroom here, and a kitchen opposite.*

Este es un salón-comedor.   *This is a lounge-diner.*

Al fondo hay una sala.   *There's a living room at the end.*

USING INTENSIFIERS

Lola and her husband use words in front of the adjectives that qualify their meaning. These are called 'intensifiers'; the most common are: *muy* (very), *bastante* (quite, fairly), *un poco* (a little, a bit).

El baño es **muy** pequeño.

El piso tiene dos dormitorios **bastante** grandes.

La cocina es **un poco** fría.

The intensifier *nada* is frequently used in negative expressions and needs to follow the negative *no es…*

La casa de mis papás no es nada cómoda. (My parents' house isn't at all comfortable)

3   Now listen to *Pista 40* and answer the questions using the intensifiers suggested in the prompts.

Conteste las preguntas.

Actividad 2.3 👂

Mercedes is now showing off her new home to her sister!

escaleras (las)
stairs

1   Listen to *Pista 41* and do the exercise..

Escuche y repita.

Español de bolsillo 👂 (Pista 59)

¡Qué oscuro!   *How dark!*

¡Qué amplia!   *How spacious!*

¡Qué alegre!   *How lively!*

¡Qué cómodo!   *How comfortable!*

¡Qué bonita!   *How pretty!*

EXCLAMATIONS

To show positive or negative opinions in an exclamation, the following structure is used: ¡Qué + adjective!

Rising intonation with a positive adjective expresses pleasure or admiration, in exclamations such as the following:

¡Qué práctico!   ¡Qué bonito!

Falling intonation with a negative adjective expresses dislike or criticism:

¡Qué horrible!

2   Listen to *Pista 41* again and repeat the exclamations, paying particular attention to intonation.

Escuche y repita.

Léxico básico

alegre	*lively*		lindo (LAm)	*pretty*
amplio	*spacious*		oscuro	*dark*
horrible	*awful, horrible*		práctico	*useful*
jardín (el)	*garden*		sencillo	*simple*

Muebles para el hogar

In this session you will learn how to describe the interior of a room and you will visit a furniture shop in Santiago.

Key learning points

- Numbers above 100
- Describing a room
- Prepositions of position

Actividad 3.1

In this activity you are going to let a room to a student.

1   Look at this picture of a student's room and match the Spanish words for objects in the room with the English translations. Use the dictionary as necessary.

Mire y enlace.

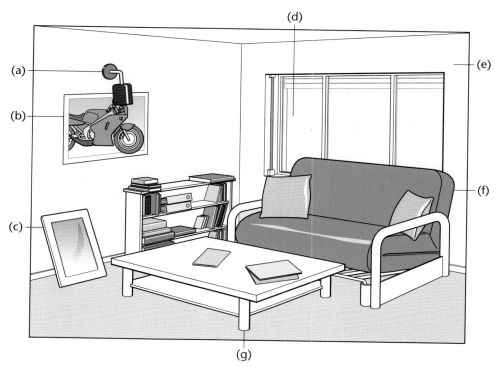

(a)	lámpara	(i)	wall	
(b)	póster	(ii)	mirror	
(c)	espejo	(iii)	sofa-bed	
(d)	ventana	(iv)	window	
(e)	pared	(v)	poster	
(f)	sofá-cama	(vi)	table	
(g)	mesa	(vii)	lamp	

polvo (el)
dust

no es nada
especial
*(it) is nothing
special*

2   A student called Alberto has been renting a room for the past year. Listen to him describing the room in *Pista 42*. What two differences are there between his description and the drawing above?

Escuche e identifique las diferencias.

Español de bolsillo 🎧 *(Pista 60)*

Al fondo hay una ventana.   *There is a window at the end.*

Delante de la ventana.   *In front of the window.*

Detrás del sofá.   *Behind the sofa.*

En medio de la habitación.   *In the middle of the room.*

Encima de los cuadros.   *Above the pictures.*

Debajo de los cuadros.   *Beneath the pictures.*

3   Below is a plan of a spare room you wish to let. Write an e-mail to Alberto describing how each piece of furniture is arranged. Use all the prepositions in the box below to show the relative position of the objects in the room.

Escriba una descripción.

> al lado de • detrás de • delante de • debajo de • en medio de

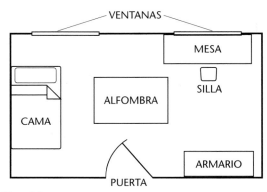

puerta (la)
door

You can start like this:

Hola Alberto, esta es una descripción de la habitación. El armario está detrás de...

Actividad 3.2 🎧

Now you will learn more numbers while shopping around for new furniture.

1   First match the following items of furniture from a catalogue with their English translations.

Enlace las fotos del catálogo con sus nombres y precios.

The dollar sign shown here is the sign for *pesos* in Chile.

(a)    mesa de centro $35.300   (i)   desk

(b)    escritorio $303.500   (ii) chest of drawers

(c) 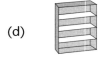   cama de matrimonio $230.000   (iii) coffee table

(d)   estantería $173.000   (iv) bookshelf

cajón (el)
drawer

(e)   cómoda (con tres cajones) $209.000   (v)   double bed

CARDINAL NUMBERS FROM 100

```
100  cien
101  ciento uno/a
110  ciento diez
122  ciento veintidós
154  ciento cincuenta y cuatro
200  doscientos/as
300  trescientos/as
400  cuatrocientos/as
500  quinientos/as
600  seiscientos/as
700  setecientos/as
800  ochocientos/as
900  novecientos/as
1.000  mil
1.300  mil trescientos/as
2.000  dos mil
5.000  cinco mil
1.000.000  un millón
2.000.000 dos millones
```

Cardinal numbers above 100 have feminine forms for those ending in 1 (*uno/a*):

Ciento un pesos. ($101)   Ciento una libras. (£101)

The numbers 200 to 900 also have feminine endings when they refer to a feminine noun:

Doscientos pesos. ($200)   Doscientas libras. (£200)

If you study the list above you will notice that:

* 100 as a round number is *cien*, but has the form *ciento* for numbers 101–199. There is no *y* after the word *ciento*. (104 = *ciento cuatro*)

* Numbers that contain a comma in English (e.g. 4,000) are written with a full stop in Spanish (e.g. 4.000), though in some parts of Latin America commas are used.

- Numbers from one million up use a plural and the preposition *de* when followed by a noun:

    Cuatro mil viviendas. (4,000 homes)

    Cuatro millones **de** viviendas. (4,000,000 homes)

See the section *Numbers* in the grammar book.

G

2   Write down the prices (in words) of the items listed in step 1.

Escriba los precios.

3   You are in Mueblemil, a furniture store in Chile that is having a huge sale. Listen to *Pista 43* to hear the announcements and note down the prices. You may need to use the pause button on your CD player.

Escuche y tome nota.

Sofá-cama	$85.775	Cuatro sillas	$
Cama de matrimonio	$	Armario	$
Cómoda con cuatro cajones	$	Alfombra persa	$
Mesas de computadora	$	Lámpara de pie	$

4   Write out the prices from step 3 in words.

Escriba los precios.

5   Record yourself saying the prices. Listen to your recording, then listen to *Pista 43* again to compare your pronunciation of the numbers.

Grábese en su cinta y escuche.

EspejoCultural _____

In this section you will look at drinking vessels and containers.

1   How many of the objects drawn opposite do you recognize? Write in the right-hand column which drink(s) below you think each vessel is generally used for.

Complete la tabla.

vino • agua • té • mate • cerveza • café • chocolate

Recipiente para beber	Bebida
(a) porrón	
(b) botijo	
(c) mate	
(d) tazón	
(e) jarra	
(f) bota	
(g) taza	
(h) copa	

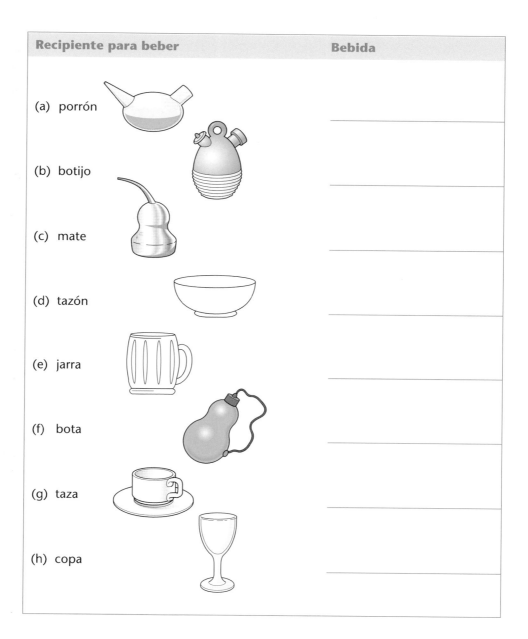

2 Now answer the following questions.

Conteste las siguientes preguntas.

(a) Which of these objects do you have in your kitchen?

(b) Which of them have you never used or seen?

(c) Are there many objects in a kitchen of today that were not used thirty years ago?

Léxico básico

alfombra (la)	*rug, carpet*
amueblado	*furnished*
armario (el)	*cupboard; wardrobe*
cama (la)	*bed*
cómoda (la)	*chest of drawers*
escritorio (el)	*desk*
espejo (el)	*mirror*
estantería (la)	*shelves; bookcase, booshelves*
lámpara (la)	*lamp*
mesa de centro (la)	*coffee table*
póster (el)	*poster*
puerta (la)	*door*
salón-comedor (el)	*lounge-diner*
sillón (el)	*armchair*
sofá-cama (el)	*sofa-bed*
ventana (la)	*window*

Sesión 4
Electrodomésticos para todo

In this session you will work with electrical goods and describe their use.

Key learning points

- Asking and explaining what something is
- Explaining the use or purpose of an appliance
- 'This/that' referring to objects

Actividad 4.1

In this activity you are going to learn vocabulary for some common home appliances.

1   Match the appliance with its function.

Enlace el electrodoméstico con su uso.

Ejemplo

(a) – (viii)

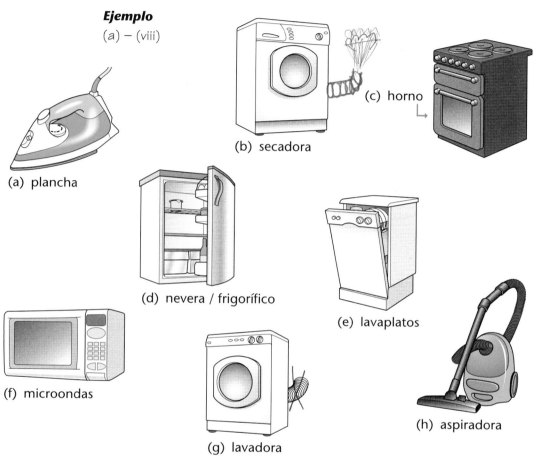

(a) plancha

(b) secadora

(c) horno

(d) nevera / frigorífico

(e) lavaplatos

(f) microondas

(g) lavadora

(h) aspiradora

(i)   limpiar la alfombra

(ii)   cocinar sin fuego

(iii)   lavar los platos

(iv)   lavar la ropa

(v)   secar la ropa

(vi)   hacer pasteles

(vii)   enfriar la comida

(viii) planchar la ropa

ASKING AND EXPLAINING USE OR PURPOSE

To ask what something is, you say:

> ¿Esto qué es? *or* ¿Qué es esto?

The reply is:

> Esto es una plancha.

There are two ways of asking about the use or purpose of an object:

> ¿Esto **para qué sirve?** – **Sirve para** lavar la ropa.

> ¿Esto **para qué es?** – **Es para** cocinar.

Neuter demonstrative pronouns

Esto means 'this', in the sense of 'this thing'. *Eso* means 'that', in the sense of 'that thing'. They are neuter pronouns.

> ¿Qué es eso? (What's that?)

See the section *Demonstrative pronouns* in the grammar book.

2   Explain in writing the use of any four appliances from step 1.
Escriba cuatro frases.

> ***Ejemplo***
> La plancha sirve para planchar la ropa.   **or**
> La plancha es para planchar la ropa.

3   Now explain the use of the following items. Record yourself.
Grábese en su cinta.

> ***Ejemplo***
> ¿Esto para qué sirve?   (televisión)
> Sirve para ver programas.   **or**   Es para ver programas.

(a) vídeo   (b) radio   (c) móvil   (d) cafetera

Actividad 4.2 🎧

cocina (la)
(here) *cooker*
congelador (el)
freezer
estante (el)
shelf

You have taken a job in an electrical goods store and a colleague is showing you where each item is located. Listen to *Pista 44* and repeat the names of the appliances. If you wish, check your answers in the transcript.
Escuche y repita.

Remember that the five Spanish vowels have a clear, sharp sound.

Enpocas**palabras**

D

Dictionary skills: selecting the right sense of a word

You will now practise looking up different meanings of a word in the dictionary.

Sometimes it is possible to guess the meaning of a word successfully from context. At other times the meaning is not evident but in order to find the right division of the dictionary entry you first need to establish the context in which the word was used. For example, *piso* can mean either 'flat', 'floor/storey' or 'floor [= ground]' depending on the context.

1   Read the following sentences in which the word *planta* appears. Look at the the context of each sentence, given in the right-hand column, in order to deduce the English translation of *planta* in each case.

   Enlace la frase con su contexto.

FRASE	CONTEXTO
(a) Vivo en la tercera **planta**.	(i) CASA
(b) Ford ha construido una nueva **planta** en Costa Rica.	(ii) FÁBRICA, INDUSTRIA
(c) Tengo un corte en la **planta** del pie.	(iii) HOSPITAL
(d) Tenemos una gran variedad de **plantas**, esta es de clima tropical y esa es de clima frío.	(iv) JARDÍN BOTÁNICO

corte (el)
cut
pie (el)
foot

2   Many words have several different meanings according to the context they are used in. Find the different meanings in the dictionary of the following two words, *cuarto* and *servicio*, according to the different contexts they appear in below. Write down the English translation of the word in bold.

   Mire el significado en su diccionario.

   (a) En casa de un amigo: "Los niños están en su **cuarto**".

   (b) En la radio: "Son las dos menos **cuarto**".

   (c) La señora López vive en el **cuarto** piso.

   (d) En el teatro: "¿Dónde están los **servicios**?"

   (e) En el menú de un restaurante: "El **servicio** no está incluido".

Vocabulary development

In this section you are going to discover some common combinations of words for particular objects around the house.

1 Work out the appropriate combinations to describe some household objects by matching the fonts and colours of the words in the top section of the rug with the words in the lower section.

Complete los nombres de los objetos.

Ejemplo

sofá de tres plazas

sofá   mesa   alfombra

cama   lámpara   espejo   armario

de mano   *de agua*   **de tres plazas**   individual

doble   de centro   *de cuerpo entero*   de noche

de techo   de cocina   persa   de pie

empotrado   *de baño*   de matrimonio

2 Make a note of the nouns you have just learnt in step 1 in your own notebook.

Escriba los nombres en su cuaderno.

Léxico básico

aspiradora (la)	*vacuum cleaner*
cafetera (la)	*coffee maker*
cocina (la)	*cooker, stove* (also: *kitchen*)
congelador (el)	*freezer*
electrodomésticos (los)	*(electrical) appliances*
frigorífico (el)	*fridge, refrigerator*
horno (el)	*oven*
lavadora (la)	*washing machine*
lavaplatos (el)	*dishwasher*
microondas (el)	*microwave*
nevera (la)	*fridge, refrigerator*
plancha (la)	*iron*
secadora (la)	*tumble drier*

Sesión 5
Un paseo por la ciudad

It's time to get out of the house and have a stroll. In this session you will be looking at some of the architecture of Santiago de Chile and Valencia.

Key learning points

- Expressing likes and dislikes (singular)
- Giving reasons

Actividad 5.1 🎧 _____

People have different reactions to contemporary buildings!

regio (esp Chile)
great, fantastic

1 Listen to *Pista 45,* where you will hear some opinions about buildings in Valencia and Santiago de Chile. Tick whether the speakers like or dislike each of the four buildings listed and shown below.

Escuche y marque con una cruz.

	Like	Dislike
(a) El Puente de la Exposición, Valencia.	❑	❑
(b) La Ciudad de las Artes y las Ciencias, Valencia.	❑	❑
(c) El Edificio del Consorcio, Santiago.	❑	❑
(d) El Museo de las Artes Visuales, Santiago.	❑	❑

Puente de la Exposición

Ciudad de las Artes y las Ciencias

Edificio Consorcio Nacional de Seguros

Museo de las Artes Visuales

LIKES AND DISLIKES (SINGULAR)

To ask if a person likes or dislikes something, use the following construction:

¿Le / Te gusta + article + singular noun?

> ¿Le gusta el museo? (formal) (Do you like the museum?)

> ¿Te gusta la ciudad? (informal) (Do you like the city?)

A simple answer is:

> Sí, me gusta el museo. (Yes, I like the museum.)

> No, no me gusta el museo. (No, I don't like the museum.)

You need to select the right pronoun to go before *gusta*:

> **Me** gusta el museo. (**I** like the museum.)

> **Te** gusta el museo. (**You**…)

> **Le** gusta el museo. (**He/she/you**…)

As you can see, *gusta* stays the same and does not change with the different pronoun. This is because *gustar* is an impersonal verb and the construction literally means: 'The museum (*el museo*) is pleasing (*gusta*) to me (*me*)'. This is the only way *gustar* can be used. You cannot phrase it using *yo, tú, él*, etc.

Gustar with singular nouns	
Me gusta…	No me gusta…
Te gusta…	No te gusta…
Le gusta…	No le gusta…

G

See the section *Gustar and similar verbs* in the grammar book.

2   What about you?
Look at the buildings in step 1 and write a sentence for each saying whether you like them or not.

Escriba sus gustos.

Ejemplo

(a)   Me gusta el Puente de la Exposición.

Español de bolsillo 🎧 (Pista 61)

¿Le gusta el puente?   *Do you like the bridge?*

¿Te gusta el puente?

No, no me gusta nada.   *No, I don't like it at all.*

Sí, sí me gusta.   *Yes, I (do) like it.*

Me gusta mucho.   *Yes, I like it a lot / very much.*

Me gusta muchísimo.   *Yes, I really like it a lot.*

Actividad 5.2

You are now going to take a walk through the district of Ñuñoa in Santiago. Before setting off, you need to find out something about the area. Read the text and answer the following questions.

Lea el texto y conteste las preguntas.

(a) What is the district named after?

(b) What was the main activity in the area after the Spanish conquerors arrived?

(c) What is of interest nowadays in this district?

(d) What are the characteristics of the Villa del Presidente Frei?

amarillo
yellow

Ñuñoa

Ñuñoa es un famoso distrito en la zona este de la ciudad de Santiago. Su nombre proviene del nombre de las flores amarillas *(ñuño)* que crecían en el lugar. Los conquistadores destinaron esta zona a la agricultura. En la actualidad en este distrito hay edificios públicos importantes muy interesantes como la Universidad Católica de Chile y su Teatro, la iglesia rusa ortodoxa Santa Trinidad, la Casa de la Cultura de Ñuñoa delante del Parque de Juan XXIII y la Villa del Presidente Frei. Esta Villa tiene tres tipos de vivienda con plazas interiores conectadas con un parque.

(Adapted from *Guía de Arquitectura de Santiago*, Universidad de Chile, Ministerio de Vivienda y Urbanismo, Santiago, 2000, p. 208)

HOW TO DEAL WITH UNKNOWN VERB TENSES

You may have come across verb tenses you are not familiar with in the text above. It is often worth trying to guess the tense from the context (i.e. whether it refers to a **past**, **present** or **future** event). To find the basic meaning of a verb, separate what appear to be the personal endings from the stem and check the infinitive in the dictionary. Here are two examples from the text above:

	Stem	Infinitive
crec**ían** →	crec-	→ CRECER
destin**aron** →	destin-	→ DESTINAR

Actividad 5.3

1 Here are some of the buildings you see on your walk around Ñuñoa. Write a sentence about each building giving your opinion of it and use an adjective from the box to describe it.

Escriba una frase sobre cada edificio.

Ejemplo

Me gusta la Villa Presidente Frei, es muy original.

---

original • funcional • elegante • clásico • armonioso •
austero • contemporáneo • espectacular

Casa de la Cultura de Ñuñoa

Villa Presidente Frei

Hotel Aloha

Edificio Plaza Lyon

Iglesia Rusa Ortodoxa Santa Trinidad

GIVING REASONS

Adjectives are frequently used when giving reasons for liking or disliking something.

> Me gusta mucho la iglesia rusa, es muy armoniosa.

The opinion and the reason for it are often linked using *porque* ('because').

> La iglesia rusa me gusta mucho **porque** es muy armoniosa.

Note once more the flexible word order in Spanish. In the examples above, *la iglesia rusa* can go before or after *me gusta*.

2   Give your opinion about the following buildings in your own country, using *porque*. Record yourself.

Grabe sus opiniones en su cinta.

(a) Una galería de arte moderno famosa.

(b) Una estación de tren principal.

(c) El palacio real.

Fachada del Museo de Bellas Artes, Santiago de Chile

Léxico básico

agricultura (la)	*agriculture*	elegante	*elegant*
amarillo	*yellow*	espectacular	*spectacular*
armonioso	*harmonious*	funcional	*functional*
austero	*austere*	lugar (el)	*place*
clásico	*classical*	me gusta…	*I like…*
contemporáneo	*contemporary*	original	*original*

Sesión 6

Me gustan los parques

In this session you will continue your walk around Santiago by visiting the district of Providencia.

Key learning points

- Expressing likes and dislikes (plural)

- Impersonal verbs

Actividad 6.1

You are now in the district of Providencia.

1   The following text tells you briefly about the area. Complete the text using the appropriate sentences from the list below.

Complete el texto.

Providencia

La ciudad de Santiago de Chile tiene dos partes principales: el (a) _____. Providencia es una de las (b) _____. Providencia es una zona que tiene avenidas con muchos (c) _____. El río Mapocho y el Parque Metropolitano son parte integral de esta (d) _____. El nuevo Parque de las Esculturas está situado junto al río, entre los (e) _____.

(i)   … árboles, casas con jardines delante y edificios nuevos.

(ii)   … centro histórico y el gran Santiago.

(iii)   … puentes Pedro de Valdivia y Padre Letelier.

(iv)   … zona santiaguina.

(v)   … comunas o distritos que forman el gran Santiago.

LIKES AND DISLIKES (PLURAL)

So far you have learned to express likes or dislikes about singular things:

> ¿Le gust**a** el parque? – Sí, me gust**a** el parque.

To express likes or dislikes about more than one thing, the verb *gustar* needs to be in the plural, and so adds an '*n*':

> ¿Le gust**an** los libros? – Sí, me gust**an** los libros.

Mónica

Elisa María

Gustar with plural nouns	
Me gustan…	No me gustan…
Te gustan…	No te gustan…
Le gustan…	No le gustan…

See the section *Gustar, and similar verbs* in the grammar book.

teatro (el)
theatre

2 Two residents of Providencia, Mónica and Elisa María, talk about what they like about the area. Listen to *Pista 46* and tick which of the following are mentioned.

Escuche y marque con una cruz.

(a) parques ☐

(b) árboles ☐

(c) el teatro Oriente ☐

(d) río ☐

(e) calles ☐

(f) casas ☐

(g) plazas ☐

(h) edificios ☐

(i) puentes ☐

(j) esculturas ☐

Parque de las Esculturas, distrito de Providencia

3 Listen to *Pista 46* again and note down in the table below which things Mónica and Elisa María each like.

Escuche y complete la tabla.

Mónica	Elisa María
parques	…
…	…

Up to now you have mainly seen *le* referring to *usted*. Here it refers to *ella* (either to Mónica or to Elisa María).

4 Now write full sentences about their likes, following the example below.
Escriba frases.

Ejemplo

Mónica: Le gustan los parques. Le…

5 Now listen to *Pista 47* and answer the questions about likes or dislikes.
Escuche y conteste.

Actividad 6.2 🎧 _____

In this activity you will learn some other verbs similar to *gustar*.

1   Match the pictures with the speech bubbles.
    Enlace los dibujos con las palabras.

(a)

(b)

(i) Me encanta la paella en la playa.

(ii) Me interesan los documentales.

(iii) Me molestan los insectos en el parque.

(c)

2   Now match each of the following translations with the corresponding verb structure in phrases (i) – (iii) above.
    Enlace las estructuras con las traducciones.

    (a) I love…

    (b) … bother(s) me.   **or**   I find … annoying.

    (c) I'm interested in…   **or**   I find … interesting.

OTHER VERBS TO EXPRESS LIKES AND DISLIKES

There are a number of impersonal verbs which, like *gustar,* agree in number (singular or plural) with the noun after them. These include: *encantar, interesar* and *molestar*.

Singular	Plural
Me gusta el río.	Me gustan los ríos.
Me encanta el jardín.	Me encantan los jardines.
Me interesa el libro.	Me interesan los libros.
Me molesta el ruido.	Me molestan los ruidos de la calle.

See the section *Gustar and similar verbs* in the grammar book.

3   Listen to *Pista 48,* where different people are being asked their feelings
    about different subjects listed below in order of mention. Put *sí* or *no* in the
    appropriate box. The first has been done for you.

    Escuche y marque 'sí' o 'no'.

	gustar	molestar	interesar	encantar
política			No.	
ruido				
playa				
impuestos				
paella				
perros				
novia				

Español de bolsillo 🎧 *(Pista 62)*

¿Le interesa la política?   *Are you interested in politics?*

¿Te interesa la política?

Sí, me interesa.   *Yes, I am.*

No, no me interesa.   *No, it doesn't interest me.*

¿Le molestan los impuestos?   *Do taxes bother you? (= Do*

¿Te molestan los impuestos?   *you mind paying taxes?)*

Sí, me molestan.   *Yes, they do.*

No, no me molestan.   *No, they don' t bother me.*

¿Le gustan los perros?   *Do you like dogs?*

¿Te gustan los perros?

Sí, me gustan.   *Yes, I do.*

Me encantan los perros.   *I love dogs.*

motos (las)
motorbikes

4   Now go to *Pista 49* and answer the questions about other preferences. You will find model answers in the *Clave* to check your grammar afterwards.

Escuche y conteste.

Léxico básico

distrito (el)	*district*	molestar	*to bother*
escultura (la)	*sculpture*	perro (el)	*dog*
impuestos (los)	*taxes*	río (el)	*river*
insecto (el)	*insect*	ruido (el)	*noise*
interesar	*to interest*	teatro (el)	*theatre*
me encanta…	*I love…*	zona (la)	*area (= district)*

Sesión 7

Edificios con historia

In this session you will learn about some historic buildings in Valencia.

Key learning points

- Asking about buildings

- Describing public buildings

Fachada barroca de la Catedral de Valencia

Actividad 7.1

You are now going to follow Patricio's footsteps on a walk through *el barrio de San Francisco* in Valencia and ask for some information about a building in the city.

Read the following information about this historic central district of Valencia and answer the following questions in English.

Lea y conteste las preguntas en inglés.

(a) What type of buildings are to be found in this district?

(b) When did it change into a modern city?

(c) What were the **three** main factors for this change?

(d) Apart from being the venue for the celebration of festivities and public acts, what facilities are to be found there?

El barrio de San Francisco

Este barrio es el centro cívico y vital de la ciudad. En él encontramos muchos edificios con historia y también ejemplos de modernidad: hay grandes almacenes, bancos, jardines y mucho más. En el siglo XIX este barrio de conventos y de iglesias se transforma en una ciudad moderna. Los tres factores decisivos en esta transformación son la ubicación de la estación de trenes y del ayuntamiento en esta zona y la creación del teatro Principal. En la actualidad es el barrio de las fiestas y actos públicos. Es también un barrio con buenos hoteles y buenos restaurantes y gran oferta cultural.

almacenes (los)
department stores

ubicación (la)
location

Centuries are written in Roman numerals in Spanish:

I II III IV V VI VII VIII IX X XI (= 11) XX (= 20) XXI (= 21)

These are read as cardinal numbers, not ordinals:

el siglo XXI = el siglo veintiuno

Actividad 7.2 🎧

1   On your walk around the area of San Francisco you come across the building shown in the photo below. What do you think it is? Choose the option for each question below that you think fits best with the building. Don't worry if you don't have a clue! – this is a learning exercise, not a test.

Elija la opción adecuada.

(a) ¿Qué es este edificio?

   (i)   un palacio

   (ii) un museo

   (iii) una casa

   (iv) una iglesia

   (v)   una catedral

(b) ¿De qué estilo es?

   (i)   románico

   (ii) árabe

   (iii) barroco

   (iv) contemporáneo

   (v)   modernista

rómanico
Romanesque

barroco
Baroque

(c) ¿De qué época es?

   (i)   siglo II (dos)

   (ii) siglo X (diez)

   (iii) siglo XII (doce)

   (iv) siglo XVIII (dieciocho)

   (v)   siglo XX (veinte)

2 An architect colleague of Patricio's is taking you on a walk around San Francisco. In Calle Cirilo Amorós you see an impressive building (shown in the photo below) and want to find out more about it. Listen to *Pista 50* and follow the prompts to ask questions similar to those of step 1.

Escuche y pregunte.

Español de bolsillo 🎧 *(Pista 63)*
¿Qué es este edificio? *What is this building?*
Es un edificio antiguo. *It's an old building.*
Es un palacio. *It's a palace.*
¿De qué época es? *What period is it?*
Es del siglo XVIII. *It's 18th century.*
Es de 1909. *It was built in 1909.*
¿De qué estilo es? *What style is it?*
Es de estilo Art Nouveau. *It's Art Nouveau.*
¿De qué arquitecto es? *Who was the architect?*
Es de Vicente Ferrer. *(It's by) Vicente Ferrer.*

ART NOUVEAU AND *MODERNISMO*

Catalan *modernismo* was an offshoot of the Art Nouveau movement that flourished in the two decades either side of 1900 and influenced many buildings in Valencia of that era. It was closely tied to the promotion of Catalan culture centred in Barcelona known in Catalan as the *Renaxença (Renaissance)*, an exploration of Catalonia's Romanesque, Gothic and Moorish past. Famous exponents include Domenech i Montaner, Puig i Cadalfalch, Jujol and Gaudí. The movement had strong links with the Arts and Crafts movement in Britain and the work of Charles Rennie Mackintosh.

Actividad 7.3 🎧

Paloma Paredes Martín, Isabel's 9 year-old granddaughter, is looking at a book on Valencian architecture for a school project on building materials.

1 Read this page of Paloma's art book. She has highlighted the names of the materials mentioned in the caption for each picture. Match the highlighted words with the English translations below by looking at the pictures.

Lea y subraye.

iron • stone • brick • mud • thatch • straw • wood

(a) Casa tradicional con columnas de piedra y balcón de hierro.

(b) Casa con paredes de ladrillo y puertas de madera.

(c) Barraca de adobe, una mezcla de barro y paja, con tejado de cañas y paja.

por dentro
inside

2 Paloma goes with her class to visit the regional government building in Valencia, the Palacio de la Generalidad. Listen to *Pista 51* and complete her worksheet with the information provided by the guide.

Escuche y tome nota.

EDIFICIO	Estilo	Interior	Materiales
El Palau de la Generalitat (El Palacio de la Generalidad)	(a) _____	Bello patio de entrada, de estilo clásico gótico, (b) _____	(c) _____ (d) _____

GETTING USED TO DIFFERENT ACCENTS OF SPANISH SPEAKERS

In many situations it may be different speakers' accents rather than vocabulary or grammar that make understanding the language hard. As in any language, Spanish-speakers speak at differing speeds and link together strings of words without pausing between the end of one word and the beginning of the next. Accents from certain regions may also seem unclear because of the way that some letters seem to be 'dropped' or turned into a breathy sound. However, as you progress in Spanish, you will find it easier to adjust to different accents and to connect what you hear with the language you know.

3 Listen to *Pista 51* again while reading the transcript of it. Focus on how some strings of words are linked together.

Escuche de nuevo y lea la transcripción.

4 Using the notes from step 2, write a short paragraph describing the building.

Escriba una descripción del edificio.

Léxico básico

almacenes (los)	*department store(s)*		madera (la)	*wood*
barro (el)	*mud*		museo (el)	*museum*
convento (el)	*convent*		paja (la)	*straw*
época (la)	*period*		piedra (la)	*stone*
estilo (el)	*style*		puro	*pure*
hierro (el)	*iron*		siglo (el)	*century*
ladrillo (el)	*brick*			

Sesión 8
Busco casa

A family is looking for a place to rent as a holiday home.

Key learning points

- Talking about wishes and needs
- Specifying requirements

Actividad 8.1

In this activity you will learn how to specify requirements.

mar (el)
sea

montaña (la)
mountain

porche (el)
porch

1 Listen to *Pista 52* to find out what accommodation each member of the family wants. Mark which word of each pair below is mentioned.

Marque la palabra que se mencione.

(a) mar ❏ montaña ❏

(b) grande ❏ pequeña ❏

(c) porche ❏ garaje ❏

(d) patio ❏ piscina ❏

SPECIFYING REQUIREMENTS

You have already learnt some common verbs used in job ads to express requirements (*precisar, necesitar, requerir* and *buscar*). To talk about a requirement, two structures are frequently used:

> *debe* + infinitive:
>
> La casa debe estar cerca del centro.

> *tiene que* + infinitive:
>
> El hotel tiene que ser barato.

See the sections *Deber* and *Tener que* in the grammar book.

---

2 Listen to *Pista 52* again and identify the verbs in the extract that express wishes, needs or requirements.

Escuche e identifique.

Ejemplo

Yo <u>quiero</u> una casa junto al mar.

Actividad 8.2

1 Using the information from *Actividad 8.1*, write an e-mail message to an estate agent explaining the type of holiday home you are looking for. Use *necesitar*, *deber* and *tener que*, and mention the following:

- situation;
- size;
- any extra requirements.

Escriba un mensaje.

> You can start like this:
> Necesito una casa junto al mar. ...

2 You have had no reply to your e-mail so you call the estate agent and leave a message on the answer-machine with your requirements. Record yourself.

Grábese en su cinta.

Enpocas**palabras**

Vocabulary learning strategies

In order to consolidate the vocabulary you learn, you need to use it actively. This activity will help you reinforce vocabulary that you have learned by using association of ideas to map words.

1 Think of a house. Following the diagram, draw lines from the central question *¿Dónde?* to the words you know for different areas of a house.

Escriba las zonas de una casa.

2 Now think about rooms. Draw lines off the areas of the house and write the names of rooms that relate to those areas.

Escriba las habitaciones de una casa.

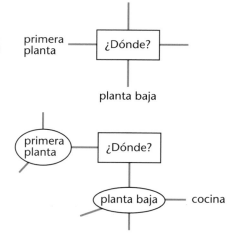

You could continue to do this by moving on to vocabulary for the furniture in each room, and appliances.

Diario hablado

1 Look around the room where you are sitting now and do the following tasks.

Tome nota.

(a) First of all, think of the names of objects you have learned in the course. How many can you see in your room?

silla, ventana, ...

(b) Now write adjectives that you could use with the nouns above in order to make your description more lively and interesting.

una silla pequeña y muy incómoda

una ventana grande

(c) Finally write the position of these objects in relation to you.

Estoy encima de una silla pequeña y muy incómoda.

La ventana grande está a la izquierda.

2 Record a description of the room. Then listen to your description, and check the following points.

Grabe una descripción de la habitación.

- Does it contain a good variety of nouns?

- Is there a variety of adjectives?

- Does it sound natural and spontaneous?

- Is the pronunciation and intonation as good as I can manage?

Léxico básico

debe	*it ought to, it must*		porche (el)	*porch*
mar (el)	*sea*		tiene que	*it has to, it must*
montaña (la)	*mountain*			

Sesión 9

Repaso

This session is designed to help you revise the language that you have learned so far in this unit.

POEMA 🎧

The poem extract you are going to listen to is by the Swiss-born Argentinian poet Alfonsina Storni (1892-1938). She worked as a teacher and journalist in Buenos Aires before winning major poetry prizes. However, at the peak of her career, following successful trips to Europe in 1930 and 1934, she was diagnosed with cancer; she committed suicide by drowning herself in the ~~River~~ ATLANTIC OCEAN ~~Plate~~ RÍO MAR DEL PLATA. Her poetry speaks of love, the longing to live, the sea and the loneliness of big cities.

This poem, *Selva de mi ciudad*, is from a collection called *Mundo de siete pozos* (1934), which is in some ways reminiscent of the Spanish poet García Lorca's *A poet in New York*. In the poem, the city is likened to a jungle of houses, close to yet isolated from each other. The streets are all the same, anonymous and monotonous, and inside the houses there is another jungle, that of the people trapped in their lives within.

selva (la)
jungle

juguetería (la)
toy shop

azotea (la)
roof terrace

cúpula (la)
dome, cupola

buzón (el)
mailbox

focos amarillos
yellow lights

1   Listen to *Pista 53* and just focus on the sounds and rhythm of the poem without worrying about the meaning.
    Escuche.

2   Go to the transcript and listen again while shadow-reading.
    Escuche y lea.

3   Read the translation of the poem given in the *Clave*.
    Lea la traducción.

4   Listen once again, then try reading the poem aloud from the transcript.
    Escuche otra vez y lea en alto.

EL CÓMIC

On the page opposite there are three speech bubbles and three thought bubbles. Place them in the right place in the comic to show what the characters are saying and what they are really thinking.

Elija la expresión correspondiente.

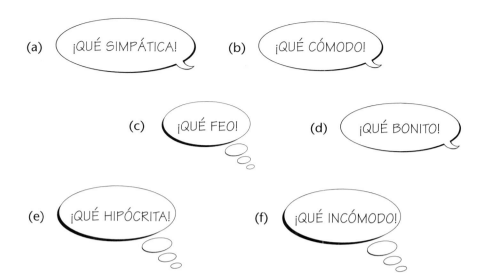

(a) ¡QUÉ SIMPÁTICA!

(b) ¡QUÉ CÓMODO!

(c) ¡QUÉ FEO!

(d) ¡QUÉ BONITO!

(e) ¡QUÉ HIPÓCRITA!

(f) ¡QUÉ INCÓMODO!

CRUCIGRAMA

Do the following crossword in Spanish.

Haga el crucigrama.

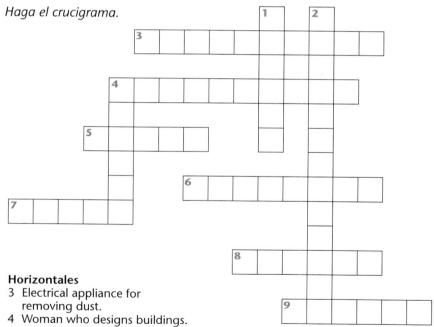

Horizontales

3 Electrical appliance for removing dust.
4 Woman who designs buildings.
5 Period in history, age.
6 It saves doing your laundry by hand.
7 Opposite of silence.
8 Construction that joins two sides of a river.
9 Room where food is cooked.

Verticales

1 Material that comes from trees.
2 Possible adjective to describe *la Ciudad de las Ciencias.*
4 Synonym of *grande.*

EL PEDANTE

Here are some advertisements on a noticeboard. Quite a few errors have slipped through, all to do with agreement of number or gender. Can you spot them and put them right?

Corrija los anuncios.

(a)

CASA NUEVO, tres planta.
Cocina en planta bajas.
Habitaciones amplio
y muy luminosa.

(b)

PISO en zona
céntrico,
4 habitación grande,
1 baño amplios.
totalmente
amueblada.

(c)

ÁTICO en urbanización
tranquilos.
Vistas fantásticas.
2 dormitorio con terraza.
1 dormitorio con baños
dentro.
Cocina amueblado.

MI GRAMÁTICA: Singular / plural

Put the phrases in the box into the correct column below, according to whether they are singular or plural.

Complete la tabla.

> el estilo barroco • las cocinas con terraza • los salones cómodos •
> la estación central • la barraca valenciana • las calles con árboles
> • los áticos con ascensor • la casa de Juan • la Avenida del Mar •
> los barrios alegres • las habitaciones blancas • el puente de San José

Me gusta...	Me gustan...
el estilo barroco	

UNA IMAGEN VALE MÁS QUE MIL PALABRAS

Write a description of the exterior and interior of this house in Valparaíso, which belonged to the famous Chilean poet Pablo Neruda. The plan shows the top three floors of the building. Remember to add adjectives to enhance your description, even if you have to imagine what the interior of the house looks or feels like.

Escriba una descripción.

Sebastiana

Ferrari 692, Cerro Florida
Valparaíso, Chile

La Sebastiana, madera y
ladrillo, por Sebastián
Collado, 1961

1. Sala de estar
2. Comedor
3. Bodega
4. Bar
5. Baño
6. Dormitorio
7. Baño
8. Biblioteca

Ático

Piso 2

Piso 3

(Adapted from *Neruda Casas*, Pehuén Editores, Santiago de Chile, 2001, p. 85)

DOCUMENTAL 🎧

guardar el grano
to store the grain

emblemático
emblematic

sitio (el)
place

cerámica (la)
ceramic, pottery

You are now going to listen to the fourth programme of the documentary series *En Portada*. In this programme you are going to find out about types of buildings in Valencia.

Listen to the documentary *Edificios valencianos* on *Pista 54* and identify at least two features of the following buildings in Valencia.

Escuche e identifique.

(a) a *barraca*

(b) the houses in Calle Caballeros

(c) La Estación del Norte

Sesión 10
¡A prueba!

This session consists of a self-assessment test which will give you an idea of the progress you have made in this unit. You will find answers, explanations and revision tips in the *Clave*.

Part A

Test your vocabulary

Look at the words below. Cross the odd one out.

Tache la palabra intrusa.

(a) dormitorio • salón • comedor • balcón

(b) piso • ático • hotel • chalet

(c) microondas • lámpara de pie • lavaplatos • secadora

(d) cómoda • cama • armario • escaleras

(e) iglesia • catedral • puente • museo

Test your grammar

1   Fill in the gaps with the appropriate question word from the box.

Complete las preguntas.

¿Cuántos? • ¿Cuántas?

(a) ¿ _____ plantas tiene el museo?

(b) ¿ _____ pisos hay en este edificio?

(c) ¿ _____ dormitorios tiene la casa?

(d) ¿ _____ puentes hay en Sevilla?

(e) ¿ _____ plazas hay en Ciudad de México?

2   Fill in the gaps with the appropriate verb in brackets from the box.

Rellene los espacios con la opción adecuada.

(a) _____ los paseos con árboles. (Me encanta / Me encantan)

(b) _____ nada el ruido de los coches. (No me gusta / No me gustan)

(c) Sr. Fernández, ¿ _____ las fuentes del parque? (te gustan / le gustan)

(d) Mamá, ¿ _____ la plaza de la catedral? (te gusta / le gusta)

(e) _____ los edificios de esa ciudad. (No me interesa / No me interesan)

3   Make sentences out of the jumbled words below.

Ponga las palabras en orden.

(a) debe – casa – balcones – tener – la

(b) ser – salón – cómodo – el –debe – grande – y

(c) amplia – que – la – tiene – ser – cocina

(d) gótico – es – catedral – la – de – estilo

(e) siglo – el – es – XV – palacio – del

Part B 🎧

Test your listening skills

Listen to *Pista 55*, in which two people who want to buy a house are specifying their requirements to an estate agent. Fill in the form with the information about each person.

Escuche y complete las fichas.

	Persona (a)	Persona (b)
Tipo de vivienda		
Zona		
Número de dormitorios		
Otros requisitos		

Part C

Test your writing skills

Using the notes below, write a description of this family's home.

Escriba una descripción.

La casa de la familia Ballesteros Molina.

Zona centro.

Sucre, Bolivia.

Bloque de departamentos (ladrillo), planta 4ª.

3 dormitorios, cocina, terraza, salón, comedor, cuarto de baño.

Part D 🎧

Test your communication skills

1 Listen to *Pista 56* where a neighbour is describing his sitting room. Look at the pictures of the two sitting rooms below and decide which one he is talking about.

Escuche y elija.

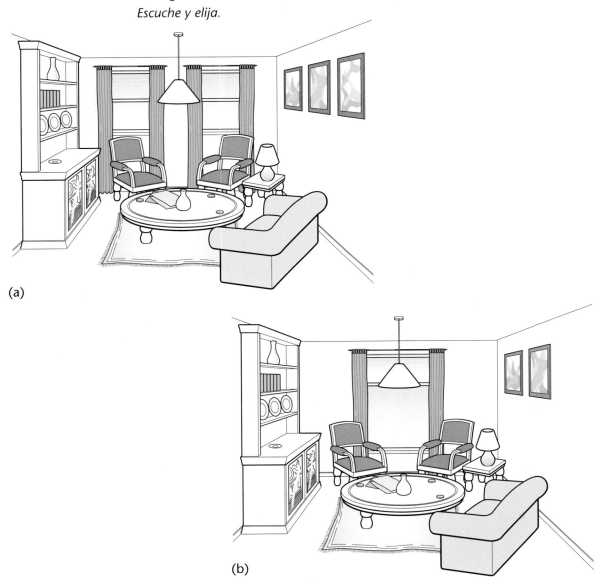

(a)

(b)

2 Describe the other sitting room in as much detail as you can. Record yourself.

Grábese en su cinta.

Clave

Actividad 1.1

1 (a) Falso. (*Most people live in flats*: "La mayoría de la población urbana vive en pisos").

(b) Verdadero.

(c) Verdadero.

(d) Verdadero.

(e) Falso. ("También hay viviendas… en las afueras de las ciudades").

2 (a) – (iii), (b) – (ii), (c) – (iv), (d) – (i).

3 (b) en un estudio, (c) en una casa, (d) en un chalet, (e) en un piso moderno.

Actividad 1.2

1

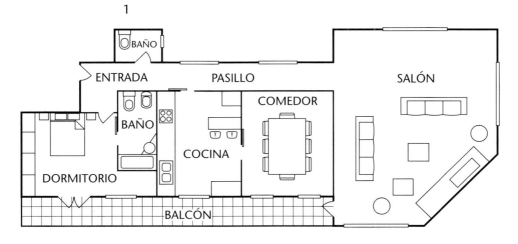

2 (a) – (i), (b) – (ii). You can't tell from the descriptions what the inside of the dwellings are like, but as far as the exterior is concerned, speaker (a) mentions a "*balcón*" and speaker (b) says "*un chalet de un piso*".

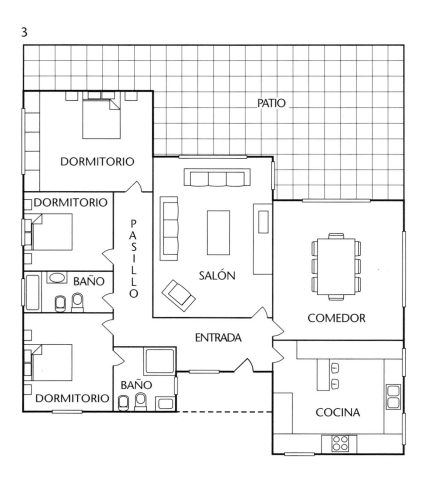

3

PATIO

DORMITORIO

DORMITORIO

PASILLO

SALÓN

BAÑO

ENTRADA

DORMITORIO

BAÑO

COMEDOR

COCINA

4 Speaker (b). Both dwellings have three bedrooms but that of (a) has only one bathroom and a balcony, whereas (b) has two bathrooms and a back yard or rear patio (*patio trasero*).

Actividad 1.3

1 (a) Cuántas, (b) Cuántos, (c) Cuántas, (d) Cuántos, (e) Cuántos.

2 (a) ¿Cuántos dormitorios tiene en la primera planta?

(b) ¿Cuántos cuartos de baño hay en la primera planta?

(c) ¿Cuántos garajes hay en la planta baja?

(d) ¿Cuántas terrazas hay en la segunda planta?

Actividad 1.4

Here is a possible answer:

Vivo en una casa. Tiene dos plantas. Tiene / Hay tres dormitorios, un cuarto de baño, una cocina y un salón. No tiene garaje.

Actividad 2.1

1 *light* → luminoso → oscuro → **dark**

welcoming → acogedor → frío → **cold**

pretty → bonito/lindo → feo → **ugly**

large → amplio → pequeño → **small**

quiet → tranquilo → ruidoso → **noisy**

luxurious → lujoso → sencillo → **simple, plain**

2 (a) – (ii), (b) – (iv), (c) – (i), (d) – (iii).

Actividad 2.2

1 This is the order in which the rooms are mentioned:

cuarto de baño, cocina, tendedero de ropa, salon-comedor, (sala de) estudio.

2 (a) **cuarto de baño**: bonito.

(b) **cocina**: amplia.

(c) **sala de estudio**: agradable.

Actividad 2.3

1 Mercedes' sister speaks approvingly of the following:

la planta de abajo ("¡Qué alegre!"), **la cocina** ("¡Qué amplia!"), **el dormitorio de Nicolau** ("¡Qué alegre!"), **el salón-comedor** ("¡Qué cómodo!"), **la terraza** ("¡Qué bonita!").

She doesn't say anything nice about the bathroom ("*¡Qué pequeño!*"). She is, of course, being ironic when she says "*¡Qué práctica!*" about the staircase.

Actividad 3.1

1 (a) – (vii), (b) – (v), (c) – (ii), (d) – (iv), (e) – (i), (f) – (iii), (g) – (vi).

2 The two differences between Alberto's description and the drawing of the room are that in the picture there is only **one window** (albeit with three panes) and there is only **one poster**, whereas Alberto says there are two of each.

3 You could have written something like this:

Hola Alberto, esta es una descripción de la habitación. El armario está **detrás de** la puerta, la cama está **al lado de** la pared izquierda. La mesa está **debajo de** una ventana y hay una silla **delante de** la mesa. Hay una alfombra **en medio de** la habitación.

Actividad 3.2

1 (a) – (iii), (b) – (i), (c) – (v), (d) – (iv), (e) – (ii).

2 (a) treinta y cinco mil trescientos pesos ($35.300)

(b) trescientos tres mil quinientos pesos ($303.500)

(c) doscientos treinta mil pesos ($230.000)

(d) ciento setenta y tres mil pesos ($173.000)

(e) doscientos nueve mil pesos ($209.000)

3 Here are the furniture prices announced in the department store:

Sofá-cama	$85.775	4 sillas	$55.599
Cama de matrimonio	$90.499	Armario	$92.495
Cómoda con cuatro cajones	$50.890	Alfombra persa	$79.930
Mesas de computadora	$34.200	Lámpara de pie	$47.100

4 ochenta y cinco mil setecientos setenta y cinco pesos ($85.775)

noventa mil cuatrocientos noventa y nueve pesos ($90.499)

cincuenta mil ochocientos noventa pesos ($50.890)

treinta y cuatro mil doscientos pesos ($34.200)

cincuenta y cinco mil quinientos noventa y nueve pesos ($55.599)

noventa y dos mil cuatrocientos noventa y cinco pesos ($92.495)

setenta y nueve mil novecientos treinta pesos ($79.930)

cuarenta y siete mil cien pesos ($47.100)

EspejoCultural _____

1   (a) vino; (b) agua; (c) mate; (d) té, café;
    (e) cerveza; (f) vino; (g) té, café,
    chocolate; (h) vino, agua.

2   (a) The *porrón, botijo* and *bota* are
        traditional drinking vessels that are
        nowadays mostly used (in Spain) in
        villages or by city dwellers on holiday
        or at picnics.
        The *mate* is used in certain Latin
        American countries, mainly Argentina,
        Uruguay and Brazil, to drink an
        infusion made from the maté plant.
        Tazón refers to any big cup with or
        without a handle; it isn't common to
        find a mug in a Hispanic kitchen, or
        even a kettle (*hervidera* or *pava*).
        Jarras are mostly seen in bars. *Tazas*
        and *copas* are commonly found in any
        household.

    (c) With globalization, more and more
        items are exchanged between
        different cultures; homes nowadays
        tend to have a variety of objects from
        a variety of places around the world.
        Not only do cultures change over
        time but different cultures may
        develop at different paces and
        attribute differing importance to
        things.

Actividad 4.1

1   (a) – (viii), (b) – (v), (c) – (vi), (d) – (vii),
    (e) – (iii), (f) – (ii), (g) – (iv), (h) – (i).

2   The following answers either contain the
    construction '*sirve para* + infinitive' or '*es
    para* + infinitive':

    La secadora es para secar la ropa.

    El horno es para hacer pasteles.

    La nevera sirve para enfriar la comida.

    El lavaplatos sirve para lavar los platos.

El microondas es para cocinar sin fuego.

La lavadora sirve para lavar la ropa.

La aspiradora sirve para limpiar la
alfombra.

3   (a) Es para / Sirve para ver películas (*or*
        para grabar programas de televisión).

    (b) Sirve para / Es para escuchar música
        (*or* programas de radio).

    (c) Es para / Sirve para hacer llamadas
        telefónicas (*or* para hablar con los
        amigos).

    (d) Sirve para / Es para hacer café.

Enpocas**palabras** _____

Dictionary skills

1   (a) floor, (b) plant, (c) sole, (d) plants.

2   (a) room, (b) quarter, (c) fourth,
    (d) toilets, (e) service.

Vocabulary development

1   **cama** de matrimonio, cama de agua,
    cama doble, cama individual (*double bed,
    water bed, double bed, single bed*).

    sofá de tres plazas (*three-seater sofa*).

    lámpara de pie, lámpara de
    techo (*standard lamp, ceiling lamp*).

    mesa de centro, mesa de noche (*coffee
    table, bedside table*).

    espejo de cuerpo entero, espejo de
    mano (*full-length mirror, hand mirror*).

    alfombra persa, alfombra de
    baño (*Persian carpet, bath mat*).

    armario empotrado, armario de
    cocina (*fitted wardrobe/cupboard, kitchen
    cupboard*).

Actividad 5.1

1 **Like:** (a), (c), (d).

   Dislike: (b).

2 Here is a possible answer:

   (a) Me gusta el Puente de la Exposición.

   (b) Me gusta la Ciudad de las Artes y las Ciencias.

   (c) No me gusta el edificio del Consorcio.

   (d) Me gusta el Museo de Artes Visuales.

Actividad 5.2

(a) The name Ñuñoa comes from the yellow flowers in the region.

(b) Agriculture.

(c) A number of public buildings.

(d) It contains three types of housing with small inner squares connected to a park.

Actividad 5.3

1 Here are some possible answers:

   Me gusta la Casa de la Cultura de Ñuñoa, es muy elegante.

   No me gusta el Edificio Plaza Lyon, es muy contemporáneo.

   No me gusta el Hotel Aloha, es muy funcional.

   Me gusta mucho la Iglesia de la Santa Trinidad, es muy armoniosa. (*Remember that if you use an adjective ending in -o to describe a feminine noun* (la Casa de la Cultura), *you need to change the ending of the adjective to -a.*)

2 Here are some possible answers:

   (a) Me gusta la galería de arte porque es muy contemporánea y original. / No me gusta la galería de arte porque es muy fea y fría.

   (b) Me gusta la estación de tren porque es clásica y funcional. / No me gusta la estación de tren porque es incómoda y ruidosa.

   (c) El palacio real me gusta porque es lujoso y espectacular. / El palacio real no me gusta porque es feo y grande.

Actividad 6.1

1 (a) – (ii), (b) – (v), (c) – (i), (d) – (iv), (e) – (iii).

2 The words of the list mentioned in the extract are (in the order they are mentioned):
   (a) los parques, (b) árboles, (d) río, (e) calles, (g) plazas, (j) esculturas.

3 **Mónica**: parques, Parque Metropolitano, árboles, río.

   Elisa María: calles, plazas, esculturas.

4 **Mónica**: Le gustan los parques. Le gusta el Parque Metropolitano. Le gustan los árboles. Le gusta el río.

   Elisa María: Le gustan las calles. Le gustan las plazas. Le gustan las esculturas. (*You can understand this from* "con esculturas muy lindas".)

Actividad 6.2

1 (a) – (iii), (b) – (i), (c) – (ii).

2 (a) – (i), (b) – (iii), (c) – (ii).

3

	gustar	molestar	interesar	encantar
política			No.	
ruido		Sí.		
playa	Sí.			
impuestos	No.			
paella	Sí.			
perros	Sí.			
novia				Sí.

4 **el ruido** – Sí, me molesta. / No, no me molesta.

la playa – Sí, me gusta. / No, no me gusta.

la paella – Sí, me gusta. / No, no me gusta.

los deportes – Sí, me gustan. / No, no me gustan.

los mosquitos – Sí, me molestan. / No, no me molestan.

las motos – Sí, me interesan. / No, no me interesan.

los perros – Sí, me gustan. / No, no me gustan.

las llamadas de móvil – Sí, me molestan. / No, no me molestan.

Actividad 7.1

(a) There are both historic buildings and modern buildings in this area: large stores, banks, gardens and a great deal more.

(b) In the 19th century.

(c) The three main factors were the establishment in this area of the railway station, the town hall and the Teatro Principal.

(d) There are good hotels, good restaurants and a lot of cultural events.

Actividad 7.2

1 (a) – (i) Es un palacio.

(b) – (iii) Es de estilo barroco.

(c) – (iv) Es del siglo dieciocho.

The building is the Palacio del Marqués de Dos Aguas, which now houses the Museo Nacional de Cerámica (National Ceramics Museum).

Actividad 7.3

1 Caption (a): *piedra (la)* = stone, *hierro (el)* = iron.

Caption (b): *ladrillo (el)* = brick , *madera (la)* = wood.

Caption (c): *barro (el)* = mud, *paja (la)* = straw, *cañas (las)* = thatch (reeds), .

2

EDIFICIO	Estilo	Interior	Materiales
El Palau de la Generalidat (El Palacio de la Generalidad)	(a) **Gótico.**	Bello patio de entrada, de estilo clásico gótico, (b) **grandes salas.**	(c) **Piedra,** (d) **madera.**

4 Here is a possible answer:

El Palacio de la Generalidad en Valencia es un edificio de estilo gótico. El edificio es de piedra y madera. En su interior tiene un bello patio de entrada y grandes salas.

Actividad 8.1

1 (a) mar, (b) grande, (c) garaje, (d) piscina.

2 quiero, necesito, debe, necesitamos, tiene que, necesito.

Actividad 8.2

1/2 Here is a possible answer:

Necesito una casa junto al mar. Tiene que ser una casa grande y debe tener un garaje. También tiene que tener una piscina.

En pocas palabras

Vocabulary learning strategies

1 Here is a suggestion:

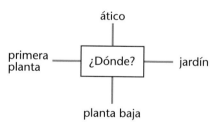

2 Here is a suggestion:

Diario hablado

2 Here is a possible answer:

Estoy en la puerta. En el centro de la habitación hay una alfombra grande. Encima hay un lámpara moderna. A la derecha hay una ventana grande con unas cortinas muy elegantes. A la izquierda hay una mesa muy funcional y delante de la mesa una silla muy cómoda. Encima de la mesa hay un ordenador muy antiguo y libros muy interesantes: ¡los libros de español!

SESIÓN 9

POEMA

3 Here is a translation of the extract from *Selva de mi ciudad*.

> The jungle of houses
> Opens
> In a semicircle;
> Some next to others,
> Some behind others,
> Some on top of others,
> Some in front of others,
> All of them far from each other.
>
> With the same toy-shop windows,
> The same russet roof terraces,
> The same dun-coloured domes,
> The same faded façades,
> The same dismal window grilles,
> The same red mailboxes,
> The same black columns,
> The same yellow lights.
>
> Beneath the roofs,
> Another jungle,
> A human jungle,
> Must be moving;
> But not in a straight line.

EL CÓMIC

1 – (d) ¡Qué bonito!   4 – (f) ¡Qué incómodo!

2 – (c) ¡Qué feo!   5 – (a) ¡Qué simpática!

3 – (b) ¡Qué cómodo!   6 – (e) ¡Qué hipócrita!

CRUCIGRAMA

Here are the answers to the crossword:

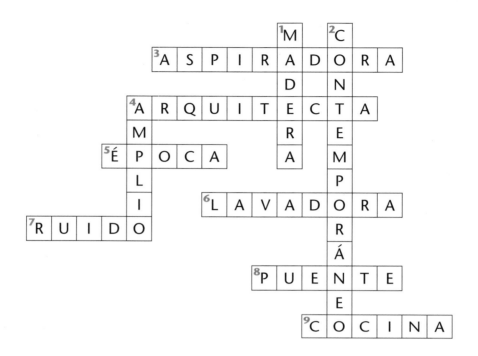

EL PEDANTE

(a) Casa nue**va**, tres plant**as**.

Cocina en planta ba**ja**.

Habitaciones ampli**as** y muy luminos**as**.

(b) Piso en zona céntri**ca**

4 habitac**iones** grand**es**

1 baño **amplio**

Totalmente **amueblado**.

(c) Ático en urbanización tranqui**la**.

Vistas fantásticas.

2 dormitor**ios** con terraza.

1 dormitorio con bañ**o** dentro.

Cocina amuebla**da**.

MI GRAMÁTICA

Me gusta...	Me gustan...
el estilo barroco.	las cocinas con terraza.
la estación central.	los salones cómodos.
la barraca valenciana.	las calles con árboles.
la casa de Juan.	los áticos con ascensor.
la Avenida del Mar.	los barrios alegres.
el puente de San José.	las habitaciones amplias.

UNA IMAGEN VALE MÁS QUE MIL PALABRAS

Here is a possible answer:

La casa tiene cuatro pisos (tres y el ático). Es bastante moderna. Tiene muchas ventanas. Es luminosa. El segundo piso tiene una sala de estar, un comedor grande y un baño. El ático tiene una biblioteca muy elegante. Es una casa original, funcional y espectacular.

DOCUMENTAL

Here are several features of each place, of which you needed to find two.

(a) *Barraca:* Typical Valencian construction, usually found in coastal areas, built from simple local materials, *cañas y barro* (reeds and mud); it has two floors, downstairs where the family lives and upstairs which serves as a barn; there is an outside kitchen.

(b) *Calle Caballeros:* Where the aristocracy used to live in the 16th and 17th centuries; the houses normally have a courtyard, described as the 'life' of the house; these buildings are old, beautiful and elegant.

(c) *La Estación del Norte:* This is an example of Valencian Modernism; made of ceramics, wrought iron and wood; people come and go through it.

SESIÓN 10

Part A

Test your vocabulary

(a) balcón (*The others are rooms.*)

(b) hotel (*The others are types of home.*)

(c) lámpara de pie (*The others are domestic appliances.*)

(d) escaleras (*The others are pieces of furniture.*)

(e) puente (*The others are buildings.*)

Revision   To revise vocabulary, go to the *Léxico básico* at the end of each session and cover the English translation. Try to remember the translation for each word. You can then cover the Spanish translation and try to remember the corresponding Spanish word.

Revision   Add all the new vocabulary in this unit to your own notebook.

Test your grammar

1   (a)   ¿Cuántas plantas tiene el museo? ('Plantas' *is a feminine noun.*)

   (b)   ¿Cuántos pisos hay en este edificio? ('Pisos' *is a masculine noun.*)

   (c)   ¿Cuántos dormitorios tiene la casa? ('Dormitorios' *is a masculine noun.*)

   (d)   ¿Cuántos puentes hay en Sevilla? ('Puentes' *is a masculine noun.*)

   (e)   ¿Cuántas plazas hay en Ciudad de México? ('Plazas' *is a feminine noun.*)

Revision   Go to *Sesión 1* to practise asking 'how many?'.

2   (a)   Me encantan…

   (b)   No me gusta…

   (c)   … le gustan…

   (d)   … te gusta…

   (e)   No me interesan…

Revision   Go to *Sesiones 5* and *6* to practise *gustar* and similar verbs.

3   (a)   La casa debe tener balcones, ('debe + *infinitive*').

   (b)   El salón debe ser grande y cómodo, ('debe + *infinitive*').

(c) La cocina tiene que ser amplia, ('tiene que + *infinitive*').

(d) La catedral es de estilo gótico, (*describing a building with* 'es de').

(e) El palacio es del siglo XV, (*describing a building with* 'es de').

Revision Go to *Sesión 8* to practise how to specify requirements.

Part B

Test your listening skills

	Persona (a)	Persona (b)
Tipo de vivienda	Casa grande.	Ático
Zona	A las afueras.	En el centro de la ciudad.
Número de habitaciones	Cinco.	Dos.
Otros requisitos	Salón comedor grande y jardín.	Cocina, baño y salón. Luminoso.

PART C

Test your writing skills

Here is a possible answer:

La casa de la familia Ballesteros Molina está en el centro de Sucre, en Bolivia. Es un edificio de departamentos de ladrillo y ellos viven en un departamento* en la cuarta planta. El piso tiene tres dormitorios, una cocina, una terraza, un salón, un comedor y un baño.

Revision Go to *Sesión 1* to practise how to describe people's homes.

* In a Spanish context, the word *piso* would be used instead of *departamento*.

Part D

Test your communication skills

1 Picture (a). He says "*Hay dos ventanas…*" and "*En la pared hay tres cuadros*".

2 Here is a possible answer:

Es una habitación bastante cómoda y acogedora. Tiene muebles tradicionales valencianos. Hay una ventana grande. Delante de la ventana hay dos sillones. También tengo una lámpara al lado de un sillón. En medio de la sala hay una mesa redonda. Al lado de la mesa hay un sofá y debajo de la mesa hay una alfombra. A la izquierda hay una estantería con platos y libros y a la derecha hay una pared con dos cuadros.

Revision Think of someone else's home and try to talk in detail about one of the rooms.

De la imagen a la palabra

The following section will give you an opportunity to consolidate the vocabulary you have learnt in the first two books of this course by looking at some photos. There is no *Clave* to this section.

En la plaza

Draw a line between each of the words (above and below the photo) and the different places and objects they refer to. The first has been done for you.

Enlace los nombres con la foto.

balcón   torre   campanario   edificio   ayuntamiento   calle   vivienda   oficinas   teatro

metro   coche   autobús   fuente   semáforo   paloma   monumento   puerta   ventana   escultura

En el barrio

This picture shows an unusual street in Spain. Classify the words according to whether they relate to the buildings or to the street.

Clasifique las palabras con la zona.

Edificios	Calle
dirección	distrito
...	...

> moderno • alto • vecinos • árboles • escaleras • casa • puertas • ladrillo • bloques de pisos • primer piso • tienda • terraza • tranquilo • banco • escalera mecánica • ventanas • contemporáneo • tercer piso • distrito • dirección • plantas • viviendas

En el bar

Go through the words in the box and say aloud what you can see in the picture and what you can't.

Diga lo que ve y no ve en la foto del bar.

Ejemplo

Veo una planta.

No veo un frigorífico.

---

planta • frigorífico • comedor • barra • bebidas • mesa • sillas • señores • aseos • camarera • taburete • dinero • esquina • copas • lámpara • póster • entrada • vino • televisor • móvil • cocinero • cafetera • ventilador • teléfono • pasillo • microondas

---

En la biblioteca

Go through the lists of words below and cross out all the words which you think do **not** describe or are not related to this picture.

Tache las palabras no adecuadas para la imagen.

Lugar: sala, museo, biblioteca, recepción, escuela, habitación, facultad, cafetería, universidad, despacho, colegio, conservatorio.

Actividades: escribir, leer, hablar, trabajar, conocer, limpiar, saber, aprender, estudiar, vivir, comer, buscar.

Objetos: mesas, sillas, impresora, sofá, bolígrafos, papel, equipo de música, ficha, ascensor, globo, periódico, sello.

Personas: policías, presentadores, estudiantes, amigos, niños, profesores, monitores, colaboradores, actores, periodistas, secretarios, jefes.

Descripción: educativo, ruidoso, gallego, luminoso, decorativo, moderno, tranquilo, amplio, acogedor, práctico, sencillo, alegre, austero, contemporáneo, funcional, de madera, lujoso.

En el salón

This is Fernando's living room.

1   Match the words in the two columns to show what Fernando usually does in this room.

Enlace.

leer	por teléfono
escuchar	la televisión
llamar	el periódico
limpiar	un café
barrer	fruta
buscar	música
ver	con su mujer
mirar	un trabajo
cuidar	a sus hijos
bailar	la alfombra
comer	los muebles
tomar	una película/ un programa

2   Now say the actions aloud.

Diga lo que hace Fernando en el salón.

Ejemplo   Fernando lee el periódico.

En la cocina

Look at this image and write down all the words you know to describe what you see. Organize them into categories as shown in the table below.

Mire la imagen y clasifique el vocabulario.

Personas (nombres)	Actividades (verbos)	Objetos (nombres)	Adjetivos para describir
pareja	hablar	cafetera	funcional ("la cocina es muy funcional")
marido	beber	frigorífico	...

Transcripciones CD 2

[The music that starts and ends CD2 is an extract from *Estudio brillante* by the Spanish composer Francisco Tárrega (1852–1909).]

[Pista 1]

This CD is for Book 2 of the Open University Spanish course for beginners, *Portales*.

Este es el compacto de actividades 2 del curso de español *Portales*.

Pista 2

Listen to Teresa Valdés checking her order for office supplies.

Escuche a Teresa Valdés contar el pedido.

Veamos… ¿Sofás? Un sofá. ¿Mesas y sillas? Dos mesas y cuatro sillas. Perfecto. Una impresora láser, dos cámaras digitales… diez discos compactos: uno, dos, tres, cuatro, cinco, seis, siete, ocho, nueve… y diez. Ocho cajas de disquetes, tres cajas de fichas, cinco paquetes de papel… ¡¿higiénico?! ¡Pero esto está mal! Aquí hay un error. Yo no quiero papel higiénico. ¡Yo quiero papel de impresora!

Pista 3

Carlos is trying to catch a bus home. Repeat after him as he calls out the numbers of the buses passing his stop.

Escuche el número de los autobuses y repita.

¡Uy!, aquí viene un autobús: el trece. ¡Ah! otro, el veintidós… el quince… el ochenta y seis. El noventa y uno. El doce… el cincuenta y cinco… el veinte. Y, bueno, ¿¿dónde está el sesenta y ocho?!

Pista 4

Now find out the phone and fax numbers of several Tourist Information offices in Chile.

Escuche los números de teléfono y fax.

Antes de viajar consulte con nuestra agencia especialista en turismo chileno: TURICHÉ.

El número de teléfono en Concepción es 56 41 22 79 76. El número de fax es el 56 41 24 49 99.

En Temuco, el número de teléfono es 56 45 21 19 69. El número de fax es el 56 45 21 55 09. ¡Buen viaje con TURICHÉ!

Pista 5

Here are some e-mail addresses.

Escuche las direcciones electrónicas.

(a) matilde punto soto arroba radio punto com

(b) grupo efe arroba ese guión martín punto ce ele

(c) vicente tres arroba lancaster punto a ce punto u ka

(d) fiesta arroba oficina punto director punto es

Pista 6

Listen to the conversation between a secretary and a prospective student at the Universidad Católica de Valparaíso.

Escuche la conversación.

Secretaria Buenos días. ¿Cómo se llama?

Guillermo Buenos días. Me llamo Guillermo Pascual Herrero.

Secretaria ¿Perdón? ¿Guillermo cómo?

Guillermo Pascual Herrero.

Secretaria Su edad, eh... ¿Cuántos años tiene?

Guillermo   Tengo diecinueve años.

Secretaria   ¿Dónde vive?

Guillermo   Vivo en Santiago. Mi dirección es Calle Huérfanos, número 31, departamento siete.

Secretaria   ¿Cómo? ¿En qué calle?

Guillermo   En la Calle Huérfanos, número 31, departamento siete.

Secretaria   ¿En qué departamento me dijo?

Guillermo   En el departamento siete.

Secretaria   ¿Tiene teléfono?

Guillermo   Sí. Es el 02 58 41 79.

Secretaria   02 58 41 79. ¿Tiene correo electrónico?

Guillermo   Sí. Mi dirección electrónica es: pascual60@hotmail.com

Secretaria   ¿Me lo puede repetir?

Guillermo   Sí, es: pascual60@hotmail.com

Secretaria   Gracias. Lo llamaremos mañana.

Guillermo   Muchas gracias. Adiós.

Pista 7

Here are some students in Valencia giving their surnames. Listen and ask them to say them again. Use a variety of phrases.

Escuche los apellidos de unos estudiantes y pida que los repitan.

– ¿Cuáles son sus apellidos?

– Muñoz Peris.

– ¿Perdón?

– Muñoz Peris.

– ¿Cuáles son tus apellidos?

– Apolinar Salanova.

– ¿Me lo puede repetir?

– Apolinar Salanova.

– ¿Cuáles son tus apellidos?

– Segarra Gómez.

– ¿Cómo?

– Segarra Gómez.

Pista 8

Listen to the conversation between Guillermo and a travel agent.

Escuche la conversación.

Agente de viajes   El Hotel Prado está en la Calle Baras.

Guillermo   ¿En qué calle?

Agente de viajes   Calle Baras.

Guillermo   ¿Cómo se escribe?

Agente de viajes   Se escribe con be: be – a – ere[1] – a – ese. Otro en Concepción es el Hotel Magenta. El número de teléfono es el 41 48 93 00.

Guillermo   ¿Qué número, por favor?

Agente de viajes   41 48 93 00.

Guillermo   Hotel Magenta ¿con ge o con jota?

Agente de viajes   Con ge. También está el Hotel Alonso de Ercilla en la Plaza de Armas.

Guillermo   ¿Ercilla es con hache o sin hache?

Agente de viajes   Sin hache, señor.

Pista 9

Listen and answer the questions about the spelling of some names.

Conteste las preguntas.

– El apellido Levy, ¿con i latina o y griega?

– Con y griega.

– Mark, ¿es con ce o con ka?

– Con ka.

– Vicky, ¿con be o con uve?

– Con uve.

[1] In certain regions of Latin America and Spain the letter 'r' is pronounced as *ere* rather than *erre*.

Pista 10

Listen and then repeat these sentences.

Escuche y repita las frases.

Victoria va de viaje a Valencia.

Beatriz trabaja también en la planta baja.

Bebo vino blanco en el bar Vicente.

Escribo a mi abuelo colombiano.

Voy en barco a la Habana.

Pista 11

Now join a group of friends singing *La Bamba*.

Cante La Bamba con unos amigos.

Para bailar la bamba,
Para bailar la bamba,
Se necesita una poca[2] de gracia,
Una poca de gracia y otra cosita,
¡Ay, arriba y arriba!
¡Ay, arriba y arriba, y arriba iré!
Yo no soy marinero, (¡no, señor!).
Yo no soy marinero, por ti seré,
Por ti seré, por ti seré.
Bam-ba, bamba,
Bam-ba, bamba,
Bam-ba, bamba.
Para aprender castellano,
Para aprender castellano,
Se necesita un poquito de salsa... (¡y
un diccionario!)
Un poquito de salsa y otra cosita.
¡Ay arriba y arriba!
¡Ay arriba y arriba, y arriba iré!
Yo no soy marinero.
Yo no soy marinero, soy capitán,
Soy capitán, soy capitán... (¡de un
submarino!)
Bam-ba, bamba,
Bam-ba, bamba,
Bam-ba, bamba,
Bam-ba, bamba.

[2] *Una poca* is a deliberate 'nonsense lyric'; it should be *un poco*.

Pista 12

These school children are learning to tell the time. Listen and repeat what they say.

Escuche a estos niños decir la hora y repita.

– Miguel, ¿qué hora es?

– Las doce en punto.

– Alba, ¿qué hora es?

– La una en punto.

– ¿Qué hora es?

– Las dos en punto.

– ¿Qué hora es?

– Las tres en punto.

– ¿Qué hora es?

– Las cuatro en punto.

– Carolina, ¿qué hora es?

– Las once y media.

– ¿Qué hora es?

– Las dos y media.

– ¿Qué hora es?

– Las cuatro y media.

– ¿Qué hora es?

– Las diez y media.

Pista 13

Let's play a game. Listen to the times given, and add a quarter of an hour to each one. Follow the example.

Ahora un juego. Escuche las horas y añada un cuarto de hora.

Ejemplo

Son las seis en punto.

Son las seis y cuarto.

Ahora usted:

Son las doce en punto.

Son las doce y cuarto.

Es la una y media.

Son las dos menos cuarto.

Son las cuatro y cuarto.

Son las cuatro y media.

Son las siete y media.

Son las ocho menos cuarto.

Son las nueve y media.

Son las diez menos cuarto.

Son las doce menos cuarto.

Son las doce en punto.

(¡Qué tarde!… Adiós, adiós… ¡Mi zapato de cristal!)

Pista 14

You work in a post office where someone wants to send a parcel. Use the prompts to ask some questions.

Pregunte según las indicaciones.

– (Greet your customer and ask him his name.)

– Hola, buenas tardes, ¿cómo se llama?

– Antonio Kreuzberger.

– (Ask him to spell his surname.)

– ¿Cómo se escribe su apellido?

– K-r-e-u-z-b-e-r-g-e-r.

– (Thank him and ask him for his address.)

– Gracias. ¿Cuál es su dirección?

– Vivo en la calle Arturo Prat número 320.

– (Ask him to repeat the number.)

– ¿Perdón? ¿Qué número?

– 320.

– (Ask him what's in the parcel.)

– ¿Qué hay en el paquete?

– Un ordenador para mi mamá. ¡Necesita correo electrónico!

Pista 15

Repeat what's being said in this conversation. *Escuche y repita.*

– Bueno, yo hablo nueve idiomas.

– ¿Tú hablas nueve idiomas?

– ¡Ella habla nueve idiomas!

– Pues yo trabajo para un ministro.

– ¿Tú trabajas para un ministro?

– ¡Él trabaja para un ministro!

– Y yo estudio cinco carreras.

– ¿Tú estudias cinco carreras?

– ¡Ella estudia cinco carreras!

Pista 16

Repeat the following sentences changing the job titles into the feminine. Here's an example.

Escuche y repita las frases con los trabajos en femenino.

Ejemplo

El director escribe un informe.

La directora escribe un informe.

Ahora usted:

(a) El anestesista lee las notas.

La anestesista lee las notas.

(b) El portero abre la puerta.

La portera abre la puerta.

(c) Los programadores responden los mensajes.

Las programadoras responden los mensajes.

(d) Los barrenderos barren la calle.

Las barrenderas barren la calle.

(e) Los pianistas componen una canción.

Las pianistas componen una canción.

Pista 17

These people are talking about what they do for a living.

Escuche las entrevistas.

(a) – ¿En qué trabajas?

– Pues… de barrendera.

(b) – ¿En qué trabaja usted?

– Soy ama de casa.

(c) – ¿Trabajas o estudias?

– Estudio. Yo estudio.

(d) – Y ¿cuál es su profesión?

– Bueno, soy sacerdote, y también soy catedrático de la universidad politécnica de Valencia.

(e) – ¿Cuál es su profesión?

– Soy profesor de música.

(f) – ¿Cuál es su profesión?

– Estoy en paro.

Pista 18

Now some more people describe their work. See if you can name their professions. Listen to the example first.

Complete las profesiones.

Ejemplo

Escribo novelas. Soy…

… escritora.

Ahora usted:

(a) Yo enseño matemáticas en un colegio. Soy…

… profesor.

(b) Canto en un grupo de rock. Soy…

… cantante.

(c) Vendo coches. Soy…

… vendedor.

(d) Cuido a mis hijos en casa. Soy…

… ama de casa.

(e) Transporto clientes en mi taxi. Soy…

… taxista.

Pista 19

María is visiting the School of Music in Valencia. Listen as Francisco tells her how to find her way round.

Escuche el diálogo en el conservatorio de música.

María ¿Dónde está la jefatura de estudios?

Francisco La jefatura de estudios está en la segunda planta junto a la dirección y también en la planta baja.

María ¿Dónde está el aula de violín?

Francisco El aula de violín está en el primer piso.

María ¿Dónde está el coordinador de administración?

Francisco Está en la planta baja, junto al despacho del secretario.

María ¿Dónde está la sala de conciertos?

Francisco La sala de conciertos está en el primer piso.

Pista 20

Listen to these directions inside the job centre.

Escuche las indicaciones.

(a) – Buenos días. Por favor, ¿dónde está la oficina de trabajo voluntario?

– Está aquí en la planta baja. Siga todo recto por este pasillo hasta el ascensor. La oficina para voluntarios está a la derecha del ascensor.

(b) – Hola, buenos días. ¿Dónde está el despacho del director?

– Está en la primera planta. Tome las escaleras mecánicas. El despacho del director está junto a los aseos.

Pista 21

Here are some radio adverts.

Escuche tres anuncios radiofónicos.

(a) ¿Quiere ser vendedor? ¿Tiene coche? La empresa Bibliotec le ofrece una magnífica oportunidad de trabajo. Horario muy flexible. Comisiones excelentes. Llame hoy mismo al 96 324 76 41, 96 324 76 41.

(b) Compañía editorial busca secretario bilingüe de alemán y español. Edad mínima 24 años. Buen salario. Si estás interesado, deja un mensaje en nuestra dirección electrónica: edimil@internet.com

(c) Restaurante mexicano El Zorro necesita urgentemente camareros. Mínimo tres años de experiencia. Entrevistas en la calle Atocha, número 36.

Pista 22

What time do these children go to bed?

Escuche las horas.

– ¿A qué hora vas a dormir?

– A las diez.

– ¿A qué hora vas a dormir?

– A las nueve.

– ¿A qué hora vas a dormir?

– A las diez.

– ¿A qué hora vas a dormir?

– A las diez y media.

– Muy bien, muy bien.

Pista 23

Use the prompts to answer these questions.

Escuche y responda.

– ¿A qué hora va a trabajar?

– (ocho y media)

– Voy a trabajar a las ocho y media.

– ¿A qué hora llega al trabajo?

– (nueve)

– Llego al trabajo a las nueve.

– ¿A qué hora lee el correo electrónico?

– (nueve y media)

– Leo el correo electrónico a las nueve y media.

– ¿A qué hora toma un café?

– (diez y media)

– Tomo un café a las diez y media.

– ¿A qué hora termina de trabajar?

– (tres de la tarde)

– Termino de trabajar a las tres de la tarde.

Pista 24

Now listen to a group of friends singing a traditional Spanish song.

Escuche la canción.

San Serenín,
De la buena, buena vida.
Así, así, así,
Hacen los **zapateros**,
Así, así, así,
Así me gusta a mí.

San Serenín,
De la buena, buena vida,
Así, así, así,
Hacen los **carpinteros**,
Así, así, así,
Así me gusta a mí.

San Serenín,
De la buena, buena vida,
Así, así, así,
Hacen los **panaderos**,
Así, así, así,
Así me gusta a mí.

Pista 25

Now it's time for the third edition of our documentary series En Portada. *In this programme you will find out about public sector employees in Spain,* los funcionarios. *You will hear about what types of job they do, the nature of their employment and what kind of reputation* funcionarios *have in Spain.*

Hola a todos y bienvenidos a… *En Portada.* El programa de hoy está dedicado a un tipo de empleado muy común en toda España: los funcionarios.

Entrevistadora   ¿En qué trabaja, Enric?

Enric   Soy profesor de universidad.

Entrevistadora   ¿Es funcionario?

Enric   Sí, soy funcionario público.

Entrevistadora   ¿En qué trabaja?

Administrador   Trabajo en la administración. Soy funcionario.

Estos dos valencianos son funcionarios. El primero es profesor de universidad y el segundo trabaja en la administración. Pero, ¿qué es un funcionario?

Un funcionario es un empleado público.

Un funcionario es una persona que trabaja para la administración pública.

Un funcionario es un empleado en el sector público. Es una persona que trabaja para la administración pública local, regional, estatal o de la Unión Europea.

Escuchemos a qué se dedican.

Hay muchos tipos de funcionarios, entre ellos los médicos, los profesores de enseñanza, los basureros, los jardineros…

(*sound of bleeps*) Hay médicos funcionarios… (*sound of schoolchildren*) Hay profesores funcionarios… (*sound of lawnmower*) Hay jardineros que son funcionarios… Y basureros funcionarios. (*sound of refuse collection*) Otros trabajos de funcionarios son: los policías, los carteros, los militares y, naturalmente, los miembros del gobierno. ¿Qué características tiene el trabajo de un funcionario?

Bueno, todos los funcionarios, eh… tenemos una estabilidad muy alta en el trabajo.

Es un trabajo permanente, muy estable. Otro aspecto importante: trabajan treinta y siete horas y media a la semana. Normalmente llegan al trabajo a las ocho de la mañana y terminan el trabajo a las tres de la tarde. Pero los funcionarios tienen la reputación de trabajar poco. Un chiste popular dice: "Los funcionarios son muy rápidos, terminan de trabajar a las tres de la tarde y llegan a casa a las dos y media".

Pista 26

Now listen to three messages that have been left on an answerphone.

Escuche tres mensajes telefónicos.

(a) Buenos días. Soy Pedro Garay. Garay con i griega. Mi número de teléfono es 25 50 92, y mi dirección electrónica es: pg18@nexo.es

(b) Buenas tardes. Mi nombre es María José Reverte, Reverte con uve. Vivo en la calle América número 12, segundo piso y mi dirección electrónica es: mjr15@hotmail.com

(c) Buenas tardes. Soy María Fernanda Ramírez. Mi teléfono es el 48 67 23.

Pista 27

Here are two people talking about their work.

Escuche a dos personas hablar de su trabajo.

Me llamo Marina Fontán. Tengo setenta años. Soy jubilada pero trabajo de voluntaria en un hospital. Normalmente trabajo en la quinta planta, en la sala de niños. Estoy con los niños unas tres horas al día.

Me llamo Javier Arana. Tengo 42 años. Soy profesor en el conservatorio de Madrid. Mi despacho está en la planta baja, al lado de la recepción. Llego al conservatorio a las nueve de la mañana y termino de trabajar a las dos de la tarde.

Pista 28

Now *Español de bolsillo.* Here are all the phrases that are featured in Unit one.

Ahora escuche las frases del Español de bolsillo *que aparecen en esta unidad.*

¿Cómo?

¿Perdón?

¿Qué?

¿Me lo puede repetir?

¿Qué calle?

¿Qué departamento dijo?

¿Qué avenida?

¿Qué plaza?

¿Qué número?

Pista 29

¿Cómo se escribe?

¿Se escribe con 'g' o con 'j'?

¿Se escribe con 'h' o sin 'h'?

¿Se escribe con 'i latina' o con 'i griega'?

¿Se escribe con 'll' o con 'i griega'?

¿Se escribe con 'q' o con 'k'?

¿Se escribe con 'v' o con 'b'?

Pista 30

¿Qué hora es?

Son las doce en punto.

Son las doce y diez.

Son las doce y media.

Es la una menos veinte.

Es la una menos cuarto.

Pista 31

¿Cómo se llama usted?

¿Cuál es su número de teléfono?

¿Dónde está su oficina?

¿Qué hace usted?

¿Quién es su jefe?

Pista 32

¿En qué trabaja usted?

Soy secretario.

Trabajo de barrendero.

¿Cuál es su profesión?

Soy profesor de música.

Estoy en paro.

¿Estudias o trabajas?

Estudio música.

Trabajo en una empresa.

Pista 33

¿Dónde está la sala de conciertos?

Está en la planta baja.

Está en la primera planta.

Está en el primer piso.

Está junto al ascensor.

Pista 34

¿Dónde está la oficina de trabajos voluntarios?

Está aquí en la planta baja.

Siga todo recto por este pasillo.

Siga todo recto hasta las escaleras.

Está a la derecha del ascensor.

Está a la izquierda del ascensor.

Tome las escaleras mecánicas.

Pista 35

¿A qué hora vas a trabajar?

Voy a trabajar a las siete y media.

¿A qué hora llegas al trabajo?

A las ocho.

Sobre las ocho.

¿A qué hora terminas de trabajar?

Más o menos a las cinco.

A eso de las cinco.

Pista 36

Listen to where these people live.

Escuche dónde vive cada persona.

(a) – Hola, buenos días. ¿Dónde vive usted?

– Vivo en Madrid, vivo en un ático en el centro.

(b) – Hola, ¿dónde vives?

– En Barcelona. Vivo en un estudio, en un tercer piso.

(c) – Buenos días, ¿dónde viven ustedes?

– Nosotros vivimos en Sevilla. Vivimos en una casa, en una casa a las afueras de Sevilla.

(d) – Perdone, ¿dónde vive?

– En Málaga, en un chalet, en un chalet de dos plantas.

(e) – Hola, ¿dónde vive?

– Yo vivo en Valladolid, en un piso moderno.

Pista 37

Here are two people talking about their homes.

Dos personas hablan de sus casas.

(a) Mi casa, pues bien, normal: una entrada, un pasillo, comedor, tres habitaciones, cocina, cuarto de baño, balcón.

(b) Es un chalet de un piso, una planta, y tiene un comedor grande, una cocina, tres dormitorios, dos baños y un patio trasero grande.

Pista 38

A friend has just moved to a new house. Use the prompts to find out what the place is like. First listen to the example.

Pregunte a su amiga sobre su casa según las indicaciones.

Ejemplo

(plantas)

¿Cuántas plantas tiene?

Tiene dos plantas.

Ahora usted:

– (dormitorios)

– ¿Cuántos dormitorios tiene?

– Este… Tiene dos dormitorios.

– (cuartos de baño)

– ¿Cuántos cuartos de baño tiene?

– Uno, solo uno, tiene un cuarto de baño.

– (terrazas)

– ¿Cuántas terrazas tiene?

– Bueno, a ver… no, no tiene terraza.

– (garajes)

– ¿Cuántos garajes tiene?

– No, no, garajes no tiene… pero tiene mucha luz, está bien situada, es muy bonita, y es mi casa.

Pista 39

Lola and her husband go to visit Mercedes.

Lola y su marido visitan la casa de Mercedes.

Lola   Hola, ¿qué tal?

Mercedes   Hola, buenos días. Aquí nada más en la entrada tenemos un cuarto de baño.

Lola   Ajá, muy bonito.

Mercedes   Y en frente tenemos una cocina.

Lola   ¡Qué amplia! Muy bien, es muy amplia. ¿Y aquí qué hay?

Mercedes   Umm… un tendedero de ropa.

Lola   Ajá… ¿Y aquí que hay?

Mercedes   Este es un salón-comedor.

Lola   Hay mucha luz aquí.

Mercedes   Al fondo hay una sala de estudio con dos balcones.

Marido de Lola   Muy agradable.

Pista 40

Use the prompts to answer these questions. Listen to the example first.

Conteste las preguntas según las indicaciones.

Ejemplo

¿Cómo es tu ciudad?

(quite small)

Mi ciudad es bastante pequeña.

Ahora usted:

– ¿Cómo es tu barrio?

– (very quiet)

– Mi barrio es muy tranquilo.

– ¿Cómo son los edificios?

– (very simple)

– Los edificios son muy sencillos.

– ¿Cómo son las calles?

– (a bit noisy)

– Las calles son un poco ruidosas.

– ¿Cómo es el colegio?

– (quite small)

– El colegio es bastante pequeño.

– ¿Cómo es tu casa?

– (very pretty and quite comfortable)

– Mi casa es muy bonita y bastante cómoda.

– Mira esa es mi casa. ¿Quieres un café? Te enseño mi casa, pasa, pasa. Tiene tres dormitorios…

Pista 41

Mercedes shows off her house to her sister. Repeat the sister's reactions.

Mercedes le enseña su casa a su hermana. Repita las exclamaciones.

Mercedes   Esta es la planta de abajo.

Hermana   ¡Qué alegre!

Mercedes   A la izquierda hay un baño pequeño.

Hermana   ¡Qué pequeño!

Mercedes   Y en frente, tenemos una cocina.

Hermana   ¡Qué amplia!

Mercedes   Este es el dormitorio de Nicolau.

Hermana   ¡Qué oscuro!

Mercedes   Este es un salón-comedor.

Hermana   ¡Qué cómodo!

Mercedes   Por aquí pasamos a la terraza.

Hermana   ¡Qué bonita!

Mercedes   Esto es una escalera, sí.

Hermana   Ya, mija[3], ya. ¡Qué práctica!

[3]   *Mija = mi hija*, often used ironically to mean something like 'dearie'.

Pista 42

Here's a student talking about his room in a hall of residence. It sounds like it could do with a good clean!

Escuche la descripción de esta habitación de un estudiante.

Pues, mi habitación no es nada especial. Al fondo hay dos ventanas. Delante de las ventanas hay un sofá-cama. En medio de la habitación hay una mesa. En la pared de la izquierda hay dos pósters grandes. Encima de los pósters hay una lámpara. Debajo de los pósters hay un espejo. Y por todas partes, delante, detrás, encima, debajo de los muebles hay polvo. Mucho polvo.

Pista 43

Listen to what kind of furniture is on offer in this Santiago store.

Escuche las ofertas de una tienda de muebles.

Atención, por favor. Anunciamos a todos nuestros clientes que durante esta semana tenemos excelentes ofertas: sofá-cama, 85.775 pesos, cama de matrimonio, 90.499 pesos, cómoda con cuatro cajones, 50.890 pesos, mesas de computadora desde 34.200 pesos, cuatro sillas por solo 55.599 pesos, armario de pino, 92.495 pesos, alfombra persa, 79.930 pesos, lámpara de pie, 47.100 pesos. Todos los productos con nuestra excelente garantía de calidad.

Pista 44

You've started a new job in a household goods store. You need to learn where everything is. Repeat the name of the appliances, paying particular attention to pronunciation of vowels.

Escuche las secciones de una tienda y repita el nombre de los electrodomésticos.

En este rincón las lavadoras. Al lado, las secadoras, vale. Luego las aspiradoras… Aquí las neveras… junto a los congeladores. A la izquierda los lavaplatos… Por aquí las cocinas… A este lado los hornos… En este estante las planchas… Y debajo están los microondas. Muy bien, muy fácil.

Pista 45

Listen to this opinion poll about some public buildings.

Escuche la encuesta sobre edificios públicos.

- ¿Le gusta el Puente de la Exposición?
- Sí, me gusta. Es muy original.

- ¿Le gusta la Ciudad de las Artes?
- No, no me gusta nada.

- ¿Le gusta el Edificio del Consorcio?
- Claro que sí. Me gusta mucho. Es regio.

- ¿Le gusta el Museo de Artes Visuales?
- Muchísimo, muchísimo. Me gusta muchísimo, especialmente el interior.

Pista 46

Listen to this conversation between Mónica and Elisa María about what they like in Providencia, a central area in Santiago de Chile.

Escuche el diálogo sobre Providencia.

Mónica   Me gustan mucho los parques de Providencia. Especialmente el Parque Metropolitano porque tiene unos árboles muy grandes, espectaculares. También me gusta el Mapocho, es un río muy importante.

Elisa María   Bueno a mí de Providencia me gustan las calles porque tienen mucha vida. También me gustan las plazas porque son muy amplias, con esculturas muy lindas.

Pista 47

Use the prompts to answer this survey about where you live. Follow the example.

Responda a la encuesta según las indicaciones.

> **Ejemplo**
> ¿Le gusta la ciudad?
> (sí)
> Sí, me gusta la ciudad.

Ahora usted:

– ¿Le gusta el barrio?

– (sí)

– Sí, me gusta el barrio.

– ¿Le gustan las grandes avenidas?

– (no)

– No, no me gustan las grandes avenidas.

– ¿Le gustan los parques?

– (sí)

– Sí, me gustan los parques.

– ¿Le gusta el tráfico?

– (no)

– No, no me gusta el tráfico.

– Y, ¿le gusta el centro de la ciudad?

– (no)

– No, no me gusta el centro de la ciudad cuando hay fútbol.

Pista 48

Listen to the following opinions on different topics.

Escuche estas opiniones sobre temas diferentes.

– ¿La política?

– No me interesa demasiado.

– ¿El ruido?

– El ruido me molesta.

– ¿La playa?

– La playa me gusta mucho.

– ¿Los impuestos?

– Los impuestos no me gustan nada pero los pago.

– ¿La paella?

– La paella me gusta, me gusta mucho.

– ¿Los perros ?

– Los perros me gustan pero no mucho.

– ¿Tu novia?

– Mi novia me encanta.

Pista 49

Now answer these questions. Follow the example.

Ahora conteste estas preguntas.

> **Ejemplo**
> ¿Le interesa la política?

You may answer:

> Sí, me interesa.

or:

> No, no me interesa.

Ahora usted:

¿Le molesta el ruido?

¿Le gusta la playa?

¿Le gusta la paella?

¿Le interesan los deportes?

¿Le molestan los mosquitos?

¿Le interesan las motos?

¿Le gustan los perros?

¿Le molestan las llamadas de móvil en el cine?

Pista 50

In Valencia, in the Calle Silva Moros[4] there's a fine Art Nouveau building. Use the prompts to ask an expert all about it.

Pregunte a un experto según las indicaciones.

(a) – (edificio)

– ¿Qué es este edificio?

– Es un edificio antiguo y destinado a vivienda.

(b) – (época)

– ¿De qué época es?

– Es una casa de viviendas construida en 1909.

(c) – (estilo)

– ¿De qué estilo es?

– Es un estilo Art Nouveau muy puro.

(d) – (arquitecto)

– ¿De qué arquitecto es?

– Eh… Vicente Ferrer.

Pista 51

Listen to a Valencian describe the historic building in the heart of the old city that is now the seat of regional government.

Escuche la descripción de la sede del gobierno de la Comunidad Valenciana.

– ¿Qué es este edificio?

– El Palau de la Generalitat, el palacio de la Generalidad, la sede actual de nuestro gobierno autonómico.

– ¿De qué estilo es?

– Es de estilo gótico.

– ¿Cómo es por dentro?

– Tiene un bello patio de entrada, de estilo clásico gótico, luego grandes salas…

– ¿Qué materiales se utilizan en el edificio?

– Fundamentalmente se utiliza la piedra, y también, como es natural, la madera.

[4] This should be: Cirilo Amorós.

Pista 52

This family is discussing possible accomodation for their summer holiday.

Escuche a los miembros de una familia hablar sobre el alojamiento para las vacaciones.

– ¡Ideas! ¿Dónde vamos de vacaciones?

– Yo quiero una casa junto al mar. Necesito sol.

– La casa debe ser grande, de cinco dormitorios.

– Necesitamos un garaje para el coche y los perros.

– Y una piscina. La casa ideal tiene que tener una piscina.

– ¡Sí, sí, y yo necesito una cuenta corriente gigante para esta casa!

Pista 53

Listen to the following extracts of a poem by Alfonsina Storni.

Escuche fragmentos de un poema de la argentina Alfonsina Storni.

En semicírculo
se abre
la selva de casas:
unas al lado de otras,
unas detrás de otras,
unas encima de otras,
unas delante de otras,
todas lejos de todas.

[…]

Con las mismas ventanas
de juguetería.
Las mismas azoteas rojizas.
Las mismas cúpulas pardas.
Los mismos frentes desteñidos.
Las mismas rejas sombrías.
Los mismos buzones rojos.
Las mismas columnas negras.
Los mismos focos amarillos.

Debajo de los techos,
otra selva,
una selva humana,
debe moverse;
pero no en línea recta.

Pista 54

Next it's time for another edition of our documentary series En Portada. *In this programme you'll go on a tour of three of Valencia's most emblematic buildings. We start off with the* barraca, *a thatched building that is typical of the region.*

Hola y bienvenidos a una nueva edición de *En Portada*, dedicada a edificios valencianos. Nuestra visita guiada comienza en las afueras de Valencia. La barraca es un tipo de vivienda tradicional de la costa valenciana. Es la casa del pescador y de la persona que trabaja en el campo.

Entrevistadora   ¿Qué es una barraca?

Hablante 1   Una barraca es una construcción típica de la comunidad valenciana.

Entrevistadora   Típicamente, ¿dónde se encuentran barracas?

Hablante 2   Normalmente en la zona costera.

La barraca está construida de materiales muy simples, materiales naturales de la zona: caña y barro. Y, ¿cuántas plantas tiene este tipo de casa?

> Una barraca tiene dos plantas: una abajo que es una sola habitación donde vive la familia. La cocina está siempre al exterior. Y luego una segunda planta que sirve para guardar el grano…

En la planta de abajo hay una habitación para la familia. La cocina está fuera, en el exterior. La planta de arriba es para cosas del campo. La barraca es el símbolo de la región valenciana.

Volvemos a la ciudad de Valencia, a su centro histórico. En el casco antiguo de Valencia, hay una calle muy especial, la calle Caballeros. En la calle Caballeros hay casas-palacios muy elegantes y antiguas. En los siglos XVI y XVII aquí vive la aristocracia, los caballeros valencianos. Vamos a visitar a un arquitecto famoso valenciano, en su estudio de la calle Caballeros.

Entrevistadora   ¿Qué tipo de casa es esta?

Arquitecto   Es una casa, umm… pero palacio, del siglo XVII.

Entrevistadora   ¿Cuántos pisos tiene el palacio?

Normalmente estos edificios se componían de planta baja y de tres pisos o cuatro pisos. La particularidad de estas casas-palacio son sus patios centrales. El patio era la vida de estas casas-palacio.

¡Qué antiguas! ¡Qué bonitas! Y ¡qué elegantes!

Por último visitamos la estación de trenes de Valencia, un ejemplo maravilloso del estilo modernista valenciano. El escritor valenciano Josep Piera nos describe cómo es este edificio.

Josep Piera   Para mí el edificio mas emblemático de Valencia es su estación de trenes.

Entrevistadora   ¿De qué estilo es?

Josep Piera   Su estilo es modernista.

Entrevistadora   ¿De qué materiales está construida?

Josep Piera   Está hecha básicamente de cerámica, de hierro trabajado, de madera. Me gusta, me gusta. Es un sitio donde se llega y se va… la gente.

¡Buen viaje!

Pista 55

Listen to two people talking with an estate agent about the kind of home they need.

Escuche las conversaciones con la empleada de una agencia inmobiliaria.

(a) –   Buenas tardes, ¿qué tipo de vivienda necesita?

–   Necesito una casa grande a las afueras.

–   ¿Con cuántas habitaciones?

– La casa debe tener cinco dormitorios, un salón-comedor grande y un jardín.

(b) – Hola, ¿qué tipo de vivienda quieres?

– Quiero un ático en el centro de la ciudad.

– ¿Quieres un ático grande o pequeño?

– Quiero un ático con dos dormitorios, cocina, baño y salón. Tiene que ser un ático luminoso.

Pista 56

Listen to a neighbour talking about his sitting room.

Escuche la descripción de una sala de estar.

Es una habitación bastante cómoda y acogedora. Tiene muebles tradicionales de estilo valenciano. Hay dos ventanas. Delante de las ventanas tengo dos sillones. Me gustan los sillones. También tengo una lámpara al lado de un sillón. En medio de la sala hay una mesa redonda. En la pared hay tres cuadros. Me gustan mucho los cuadros.

Pista 57

Now *Español de bolsillo*. Here are all the phrases that are featured in this unit.

Ahora escuche las frases del Español de bolsillo *que aparecen en esta unidad.*

¿Cómo es su casa?

¿Cómo es tu casa?

Es un chalet de un piso.

Tiene tres dormitorios.

Tiene dos baños.

Pista 58

Aquí tenemos un cuarto de baño, y enfrente tenemos una cocina.

Este es un salón-comedor.

Al fondo hay una sala.

Pista 59

¡Qué oscuro!

¡Qué amplia!

¡Qué alegre!

¡Qué comodo!

¡Qué bonita!

Pista 60

Al fondo hay una ventana.

Delante de la ventana.

Detrás del sofá.

En medio de la habitación.

Encima de los cuadros.

Debajo de los cuadros.

Pista 61

¿Le gusta el puente?

¿Te gusta el puente?

No, no me gusta nada.

Sí, sí me gusta.

Me gusta mucho.

Me gusta muchísimo.

Pista 62

¿Le interesa la política?

¿Te interesa la política?

Sí, me interesa.

No, no me interesa.

¿Le molestan los impuestos?

¿Te molestan los impuestos?

Sí, me molestan.

No, no me molestan.

¿Le gustan los perros?

¿Te gustan los perros?

Sí, me gustan.

Me encantan los perros.

Pista 63

¿Qué es este edificio?

Es un edificio antiguo.

Es un palacio.

¿De qué época es?

Es del siglo XVIII.

Es de 1909.

¿De qué estilo es?

Es de estilo Art Nouveau.

¿De qué arquitecto es?

Es de Vicente Ferrer.

(Este es el final del Compacto de actividades 2.)

Acknowledgements

Grateful acknowledgement is made to the following sources for permission to reproduce material within this book:

Text/illustrations

Page 13: Universidad Católica de Valparaíso, Chile; *page 17*: Correos de Chile; *page 34*: adapted from a guide to the Museo Nacional de Bellas Artes, Havana, Cuba; *page 99*: adapted from *Neruda Casas*, Pehuén Editores, 2001; *page 109*: '*Selva de mi ciudad*', by Alfonsina Storni, from *Poesía Selecta*, Colección Fontana, 1995, translated by Michael Britton and Fernando Rosell Aguilar, with permission from the publisher.

Photographs

Page 5: Copyright © 1998 PhotoDisc, Inc.; *pages 15, 27, 28 and 29 (e), 45, 58 and 60*: Courtesy of Cristina Ros i Solé; *pages 17, 117 and 118*: Courtesy of Inma Álvarez Puente; *page 18*: Courtesy of Tita Beaven; *pages 29 (a), 36 and 85 (top left)*: Courtesy of Fernando Rosell Aguilar; *page 31 (left)*: Copyright © 2000 PhotoDisc, Inc.; *(right)*: Copyright © 1999 PhotoDisc, Inc.; *pages 35 (left), 83 and 85 (right)*: Francisco Tagini, courtesy of Corporación de Promoción Turística de Chile, Santiago de Chile, from CD *Chile en imágenes*, also www.visitchile.org; *page 35 (top right)*: Copyright © 1998 PhotoDisc, Inc.; *(bottom right)*: Copyright © 1999 PhotoDisc, Inc.; *page 40*: Courtesy of Consuelo Rivera Fuentes; *page 79 (clockwise from top left)*: © Iberimage; Courtesy of Valencia Tourist Board; Courtesy of Facultad de Arquitectura y Urbanismo de la Universidad de Chile; Sebastián Sepúlveda; *pages 81 and 82*: Courtesy of Facultad de Arquitectura y Urbanismo de la Universidad de Chile; *page 85 (bottom left)*: Courtesy of Enilce Northcote-Rojas; *page 89*: Courtesy of Turespaña; *page 91 (c)*: Courtesy of William Moult.

Cartoons

Pages 24, 43, 86 and 96 by Roger Zanni.

Cover photo by Ricard Huerta, taken in Calle Ruzafa, Valencia, Spain.

A guide to Spanish instructions

Busque	*Look for*
Cambie (el artículo)	*Change (the article)*
Complete (la tabla)	*Complete (the table)*
Conteste las siguientes preguntas	*Answer the following questions*
Corrija (los anuncios)	*Correct (the advertisements)*
Diga (las horas)	*Say (the times)*
Elija (la expresión adecuada)	*Choose (the right expression)*
Encuentre	*Find*
Enlace	*Match up*
Escoja (la opción correcta)	*Choose (the correct option)*
Escriba (una frase sobre)	*Write (a sentence about)*
Escuche (de nuevo / otra vez)	*Listen (again)*
Escúchese	*Listen to yourself*
Grábese en su cinta	*Record yourself on your tape*
Haga (el crucigrama)	*Do (the crossword)*
Lea en alto	*Read aloud*
Marque con una cruz	*Put a cross (= tick)*
Pida	*Ask for*
Piense en	*Think of*
Ponga las palabras en orden	*Put the words in order*
Pregunte	*Ask*
Pronuncie en voz alta	*Say aloud*
Rellene el impreso	*Fill in the form*
Repita	*Repeat*
Responda (a)	*Answer, reply to, respond to*
Subraye los verbos	*Underline the verbs*
Tache la palabra intrusa	*Cross the odd one out*
Traduzca	*Translate*
Tome nota de	*Note down*
¿Verdadero o falso?	*True or false?*